港口企业典型安全生产事故隐患剖析
危 货 篇

袁洪涛 主编

人民交通出版社
北京

内容提要

本书从危险货物码头、仓储区、配套设施区三个方面,以图文并茂的方式,分析了港口危险货物企业常见安全隐患,剖析了隐患产生的深层次原因,介绍了不同隐患的相应排查方法,指出了国家法规、标准相关具体规定;同时还强调了需特别关注的安全注意事项,并辅以事故案例进行说明。本书不仅仅着眼于所列隐患,更在于给读者提供隐患排查思路,充分运用本书中所提安全原理,开展类似隐患排查。

本书主要供港口危险货物企业的安全生产管理人员、操作人员和第三方安全服务机构阅读使用,同时可供行业管理部门进行安全监督检查时使用。

图书在版编目(CIP)数据

港口企业典型安全生产事故隐患剖析. 危货篇 / 袁洪涛主编. —北京:人民交通出版社股份有限公司, 2024. 12. — ISBN 978-7-114-20015-1

Ⅰ. F550.6

中国国家版本馆 CIP 数据核字第 20248EF177 号

Gangkou Qiye Dianxing Anquan Shengchan Shigu Yinhuan Pouxi　Weihuo Pian

书　　名	港口企业典型安全生产事故隐患剖析　危货篇
著 作 者	袁洪涛
责任编辑	黎小东
责任校对	赵媛媛
责任印制	刘高彤
出版发行	人民交通出版社
地　　址	(100011)北京市朝阳区安定门外外馆斜街 3 号
网　　址	http://www.ccpcl.com.cn
销售电话	(010)85285857
总 经 销	人民交通出版社发行部
经　　销	各地新华书店
印　　刷	北京市密东印刷有限公司
开　　本	710×1000　1/16
印　　张	10.5
字　　数	170 千
版　　次	2024 年 12 月　第 1 版
印　　次	2024 年 12 月　第 1 次印刷
书　　号	ISBN 978-7-114-20015-1
定　　价	80.00 元

(有印刷、装订质量问题的图书,由本社负责调换)

《港口企业典型安全生产事故隐患剖析 危货篇》

编写人员

主　　编： 袁洪涛
副 主 编： 彭俊峰　梅洛洛　唐跃民
参编人员： 刘长兵　王绪亭　黄　晨　徐　明　付　强
　　　　　　张泽方　严锋源　丁湘君　刘海英　唐立敏
　　　　　　邓丛微　马亚琦　王冠妍　殷　昊　张　晨
　　　　　　张　茹　臧可鑫　李　享　于　辰　韩　璐
　　　　　　陈荣熙　赵雅琦　薛荣荣　徐静晗　李　瑞
　　　　　　刘先锋　赵　红　张　奇　刘俊波　崔雪萍
　　　　　　邱冠林　何　志　白　玉　赵　震　蒋治强
　　　　　　陈　琳　冯　悦　陈庆华

编写单位

天津东方泰瑞科技有限公司
杭州市交通运输行政执法队
舟山市港航事业发展中心

前　言

随着全球贸易量的增加、我国社会经济发展和人民群众出行的需要，港口运输需求越来越旺盛，港口企业安全生产问题日益受到重视。尤其是国内输油管道爆炸、集装箱爆炸等一系列港口领域重特大事故的发生，更暴露出部分港口企业的安全生产工作存在欠缺、安全隐患存在突出问题。

安全隐患排查是港口企业安全生产管理的重要环节，对于提高从业人员安全生产意识、预防事故和减少损失具有重要意义。安全隐患排查能够帮助企业及时发现和消除安全隐患，全面提升港口企业的安全生产水平，保障员工的人身安全和健康，保护港口设施和设备，维护企业的品牌形象和企业的发展。隐患排查治理工作不仅仅是企业的责任，更是每个员工的责任。只有每人都强化安全意识，深入推进隐患排查治理工作，才能共同营造一个安全、和谐的工作环境。

目前港口企业安全生产水平参差不齐，部分从业人员安全素质相对较低，难以实现全面、准确的隐患排查和隐患治理，给安全生产工作带来了较大影响。为了提升港口企业隐患排查的效果，编写组成员结合多年的工作经验，分类梳理出了港口企业常见安全隐患，以图文并茂的形式展现给读者，同时对隐患产生原因进行分析，提出了隐患排查方法，针对隐患列出了相应的国家法规、标准的相关技术规定。

本书分为4章。第1章概述，主要介绍港口领域安全生产面临的挑战，以及隐患排查的重要性和必要性；第2章危险货物码头区域典型隐患，从总体布置、装卸工艺、消防、静电和电气安全、其他港口设施五个方面，共列出21个典型隐患；第3章危险货物仓储区典型隐患，从平面及竖向布置、储罐区、仓库区三个方面，共列出35个典型隐患；第4章危险货物配套设施区典型隐患,从装车栈台、油气回收装置、泵房、工艺管道、消防设备设施、供配电系统设施、通信及监控设施等七个方面,共列出 49 个典型隐患。

本书可作为港口危险货物企业进行隐患排查治理的参考用书,也可为行业管理部门和第三方安全服务机构提供借鉴。

由于时间仓促和编写人员经验有限,书中错误之处在所难免,欢迎广大读者批评指正。

作者

2024 年 9 月

目 录

第1章 概述 ··· 1
  1.1 港口领域安全生产面临一定挑战 ······························ 1
  1.2 隐患排查的重要性和必要性 ···································· 2

第2章 危险货物码头区域典型隐患 ······························· 4
  2.1 总体布置 ·· 4
    隐患1：液体化学品与液化烃装卸共用泊位 ················ 4
    隐患2：油气化工码头的消防控制室与码头前沿线防火间距不足 ····· 5
  2.2 装卸工艺 ·· 6
    2.2.1 装卸作业区域防泄漏扩散措施 ··························· 6
    隐患3：码头未设置防止液体流淌的围堰或紧急泄漏收集池 ········ 6
    2.2.2 工艺系统安全设施 ··· 7
    隐患4：输油管线压力表缺少指示工作压力的红线 ········· 7
    隐患5：码头区域可燃气体探测器设置不合理 ·············· 8
    隐患6：装卸高毒液体码头未设置有毒气体探测器 ········ 10
    2.2.3 解系缆设施 ··· 12
    隐患7：码头前沿快速脱缆钩缺失或设置不符合要求 ······ 12
  2.3 消防 ··· 14
    2.3.1 消防灭火系统 ·· 14
    隐患8：液化烃码头未设置泡沫灭火系统 ··················· 14
    隐患9：推车式灭火器软管盘卷方式错误 ··················· 16
    隐患10：消火栓箱门张贴清单与内部实际情况不一致 ····· 17
    2.3.2 消防报警设施 ·· 18

隐患 11：手动火灾报警按钮颜色不易识别 ⋯⋯⋯⋯⋯⋯⋯⋯⋯⋯⋯ 18
2.4　静电和电气安全 ⋯⋯⋯⋯⋯⋯⋯⋯⋯⋯⋯⋯⋯⋯⋯⋯⋯⋯⋯⋯ 20
　2.4.1　防静电危害 ⋯⋯⋯⋯⋯⋯⋯⋯⋯⋯⋯⋯⋯⋯⋯⋯⋯⋯⋯ 20
　　隐患 12：装卸软管未配置不导电短管 ⋯⋯⋯⋯⋯⋯⋯⋯⋯⋯⋯⋯ 20
　　隐患 13：危险货物输送管道法兰未进行跨接 ⋯⋯⋯⋯⋯⋯⋯⋯⋯ 22
　　隐患 14：工艺管道的始末端、分支处及直线段接地不规范 ⋯⋯⋯ 24
　2.4.2　电气安全 ⋯⋯⋯⋯⋯⋯⋯⋯⋯⋯⋯⋯⋯⋯⋯⋯⋯⋯⋯⋯ 25
　　隐患 15：金属制电缆桥架未进行电气连接 ⋯⋯⋯⋯⋯⋯⋯⋯⋯⋯ 25
　　隐患 16：电动设备外壳未接地 ⋯⋯⋯⋯⋯⋯⋯⋯⋯⋯⋯⋯⋯⋯ 26
2.5　其他港口设施 ⋯⋯⋯⋯⋯⋯⋯⋯⋯⋯⋯⋯⋯⋯⋯⋯⋯⋯⋯⋯⋯ 28
　2.5.1　港口设施维护保养 ⋯⋯⋯⋯⋯⋯⋯⋯⋯⋯⋯⋯⋯⋯⋯⋯ 28
　　隐患 17：电气穿线管脱落 ⋯⋯⋯⋯⋯⋯⋯⋯⋯⋯⋯⋯⋯⋯⋯⋯ 28
　2.5.2　安全标识 ⋯⋯⋯⋯⋯⋯⋯⋯⋯⋯⋯⋯⋯⋯⋯⋯⋯⋯⋯⋯ 30
　　隐患 18：安全周知牌内容有误 ⋯⋯⋯⋯⋯⋯⋯⋯⋯⋯⋯⋯⋯⋯ 30
　　隐患 19：警示标识褪色、破损、缺失 ⋯⋯⋯⋯⋯⋯⋯⋯⋯⋯⋯⋯ 32
　　隐患 20：码头区域安全标志顺序错误 ⋯⋯⋯⋯⋯⋯⋯⋯⋯⋯⋯⋯ 33
　　隐患 21：危险货物码头区域输送管道标识设置不足 ⋯⋯⋯⋯⋯⋯ 35

第 3 章　危险货物仓储区典型隐患 ⋯⋯⋯⋯⋯⋯⋯⋯⋯⋯⋯⋯⋯⋯ 37
3.1　平面及竖向布置 ⋯⋯⋯⋯⋯⋯⋯⋯⋯⋯⋯⋯⋯⋯⋯⋯⋯⋯⋯⋯ 37
　　隐患 22：储存Ⅰ、Ⅱ级毒性液体的储罐未单独设置储罐区 ⋯⋯⋯ 37
　　隐患 23：行政管理区与装车台之间未设置实体围墙 ⋯⋯⋯⋯⋯⋯ 38
　　隐患 24：沸溢性和非沸溢性液体储罐布置在同一罐组内 ⋯⋯⋯⋯ 40
　　隐患 25：储罐基础过低 ⋯⋯⋯⋯⋯⋯⋯⋯⋯⋯⋯⋯⋯⋯⋯⋯⋯ 42
3.2　储罐区 ⋯⋯⋯⋯⋯⋯⋯⋯⋯⋯⋯⋯⋯⋯⋯⋯⋯⋯⋯⋯⋯⋯⋯ 43
　3.2.1　储罐及附件 ⋯⋯⋯⋯⋯⋯⋯⋯⋯⋯⋯⋯⋯⋯⋯⋯⋯⋯⋯ 43
　　隐患 26：固定顶储罐在储存高风险物质时未设置氮封保护系统
　　　⋯⋯⋯⋯⋯⋯⋯⋯⋯⋯⋯⋯⋯⋯⋯⋯⋯⋯⋯⋯⋯⋯⋯⋯⋯⋯ 43

隐患 27：氮封储罐罐顶无紧急泄压设备 …………………………… 44

隐患 28：储罐通气管未设置阻火器 ……………………………… 46

隐患 29：储罐仪表穿线管两端未与储罐进行电气连接 …………… 48

隐患 30：远传仪表金属外壳未与罐体做电气连接 ………………… 49

隐患 31：储罐罐顶取样口处缺少人体静电消除装置 ……………… 50

隐患 32：防爆区域使用非防爆工具 ……………………………… 51

隐患 33：储罐进出口管道未设置柔性连接 ……………………… 53

隐患 34：罐顶人行位置无护栏 …………………………………… 55

3.2.2 控制系统 …………………………………………………… 56

隐患 35：储罐未安装液位连续检测系统 ………………………… 56

隐患 36：容量大于 $100m^3$ 的储罐未设置高、低液位报警 ………… 58

隐患 37：高风险储罐未设高高液位报警及联锁 ………………… 59

3.2.3 防火堤及隔堤 ……………………………………………… 60

隐患 38：防火堤排水沟未设置盖板 ……………………………… 60

隐患 39：储罐防火堤厚度不足 …………………………………… 61

隐患 40：防火堤容积小于最大储罐容积 ………………………… 62

隐患 41：储罐罐壁至防火堤内堤脚线的距离不足 ……………… 63

隐患 42：防火堤防火涂料剥落 …………………………………… 64

隐患 43：管道穿越防火堤处未进行防火封堵 …………………… 65

隐患 44：罐区内隔堤高度不合规 ………………………………… 67

隐患 45：水封井水封高度不足 …………………………………… 68

3.3 仓库区 ………………………………………………………… 70

3.3.1 平面布置 …………………………………………………… 70

隐患 46：危险品仓库与库外电杆间距不足 ……………………… 70

隐患 47：危险品仓库面积大于 $300m^2$ 但安全出口只有 1 个 …… 71

3.3.2 仓库设施 …………………………………………………… 71

隐患 48：仓库未设置防止液体流散的设施 ……………………… 71

隐患49：易燃易爆物质仓库内未设置可燃气体探测器 ………… 73
隐患50：易燃易爆物质仓库通风风机为非防爆型 …………… 75
隐患51：易燃易爆物质仓库排风管道不具备导静电功能 ……… 76
隐患52：事故排风的吸风口设置位置不合理 ………………… 77
隐患53：气体报警装置与事故通风装置未联锁 ……………… 79
隐患54：未定期对易燃易爆品仓库温湿度进行记录 …………… 80
 3.3.3 仓储情况 ………………………………………………… 81
  隐患55：无货架危险货物堆垛高度高于3m ………………… 81
  隐患56：易燃易爆品仓库堆垛与墙间距过小 ………………… 82

第4章 危险货物配套设施区典型隐患 ………………………… 84

4.1 装车栈台 …………………………………………………………… 84
 4.1.1 汽车装卸设施 …………………………………………… 84
  隐患57：油气收集支管缺少阻火器 …………………………… 84
  隐患58：软管缺少防止摩擦产生火花的措施 ………………… 86
  隐患59：软管放置未按规范要求进行安全防护 ……………… 87
 4.1.2 防雷防静电设施 ………………………………………… 89
  隐患60：爆炸危险区域内装车栈台装卸管道法兰处未跨接 … 89
  隐患61：过滤器静电接地不规范 ……………………………… 90
  隐患62：静电导除装置失效 …………………………………… 91
  隐患63：易燃液体操作平台入口处缺少人体静电导除装置 … 92
 4.1.3 其他设施 ………………………………………………… 94
  隐患64：发油岛车辆进出口缺少防撞设施 …………………… 94
  隐患65：管道缺少流向标识 …………………………………… 96
  隐患66：操作梯架设施维护保养不规范 ……………………… 98
4.2 油气回收装置 ……………………………………………………… 99
 4.2.1 工艺设备及管道 ………………………………………… 99
  隐患67：油气回收装置电气设备外壳接地不规范 …………… 99

隐患68：油气回收管道法兰连接处未跨接 ……………… 101
4.2.2　安全预防性措施 ……………………………………… 102
　　隐患69：储罐顶部油气回收系统缺少阻火器 …………… 102
　　隐患70：油气回收处理装置尾气排气管缺少阻火设施 …… 104
　　隐患71：易燃物质油气回收处理装置缺少可燃气体检测器 …… 106
　　隐患72：油气回收管道上安全标识设置不规范 ………… 107
4.3　泵房 …………………………………………………………… 109
　4.3.1　工艺设施及布置 …………………………………… 109
　　隐患73：Ⅰ、Ⅱ级毒性液体的输送泵未采用屏蔽泵或磁力泵 …… 109
　　隐患74：液化烃泵与其他易燃和可燃液体的泵同房间布置 …… 110
　4.3.2　监控系统 …………………………………………… 112
　　隐患75：装卸有毒液体的泵站未设置有毒气体检测器 …… 112
　　隐患76：输送易燃液体泵站未设置可燃气体检测器 …… 113
　4.3.3　防静电 ……………………………………………… 114
　　隐患77：甲、乙和丙A液体泵房门外未设消除人体静电装置 …… 114
4.4　工艺管道 ……………………………………………………… 116
　4.4.1　管道连接 …………………………………………… 116
　　隐患78：金属工艺管道与管件之间未采用焊接连接 …… 116
　4.4.2　管道标志标识 ……………………………………… 117
　　隐患79：工艺管道上缺少流向标识 ……………………… 117
　　隐患80：高毒物质管道未设置明显区别于其他管道的标志 …… 119
　4.4.3　管道法兰静电跨接 ………………………………… 120
　　隐患81：爆炸危险区内工艺管道法兰处未跨接 ………… 120
　4.4.4　管道布置 …………………………………………… 122
　　隐患82：工艺管道与特殊场所距离小于15m时外墙不合规 …… 122
　　隐患83：工艺管道外表面未涂刷防腐涂层 ……………… 123
　　隐患84：可能超压的工艺管道未设置泄压装置 ………… 124

4.5 消防设备设施 ·· 125
　4.5.1 移动消防设施 ···································· 125
　　隐患85：装车栈台处灭火沙储备量不足 ·············· 125
　　隐患86：移动灭火器材管理器材清单与现场配置不一致 ·· 126
　　隐患87：手提式灭火器设施和配件维护不当造成老化破损 ·· 128
　4.5.2 固定式或半固定式消防设施 ······················ 129
　　隐患88：库区内消防栓被遮挡 ······················ 129
　　隐患89：室外消防泡沫罐未张贴醒目标识 ············ 130
　　隐患90：储罐上的消防立管维护管理不到位 ·········· 132
4.6 供配电系统设施 ······································ 133
　4.6.1 配电室 ·· 133
　　隐患91：配电室门窗防鼠、鸟设施缺失 ·············· 133
　　隐患92：变配电室配电柜后绝缘垫缺失 ·············· 135
　　隐患93：配电室之间的门选型不规范 ················ 137
　　隐患94：配电室缺少工作照明 ······················ 138
　　隐患95：室内配电柜后方通道宽度不足 ·············· 139
　　隐患96：安全标志设置在可移动的门上 ·············· 140
　　隐患97：重点场所的安全逃生出口处缺少安全出口标志 ·· 141
　4.6.2 配电箱 ·· 143
　　隐患98：配电箱内防护设施及警示标识不规范 ········ 143
　　隐患99：配电箱内缺少防止触及带电部位的隔离防护装置 ·· 145
　4.6.3 辅助配套设施 ·································· 146
　　隐患100：电气设备外壳接地不规范 ················· 146
　　隐患101：电缆槽盒连接处缺少电气跨接 ············· 148
4.7 通信及监控设施 ······································ 149
　4.7.1 通信设施 ······································ 149

目录

隐患102：石油库现场操作和巡检人员未配置无线电通信设备
……………………………………………………………… 149
4.7.2 电源设置 …………………………………………… 150
隐患103：监控管理系统未设置UPS(不间断电源) ……… 150
4.7.3 监控系统 …………………………………………… 151
隐患104：视频监控系统的监视范围未覆盖关键位置……… 151
4.7.4 报警设置 …………………………………………… 153
隐患105：消防值班室内未设专用受警录音电话…………… 153

第1章 概　　述

1.1　港口领域安全生产面临一定挑战

港口是交通运输业的重要组成部分,是国民经济发展和社会发展的重要基础设施。港口的发展与国民经济的发展相互依存、相互影响,这种关系在国民经济稳步增长和内外贸易需求日益旺盛的背景下尤为明显。港口的发展不仅能够促进区域经济的繁荣,还能通过加强与国内外市场的联系,推动国民经济的整体增长。近年来,随着我国社会经济的快速发展,港口行业发展更为迅速,货物吞吐能力、吞吐量持续上升。据统计,2020年,全国港口完成货物吞吐量145.50亿吨,同比增长4.3%。2021年,全国港口完成货物吞吐量155.45亿吨,同比增长6.8%。2022年,全国港口完成货物吞吐量156.85亿吨,同比增长0.9%。2023年,全国港口完成货物吞吐量169.73亿吨,同比增长8.2%;全国港口完成集装箱吞吐量3.1亿标准箱,同比增长4.9%。

随着全球经济的融合发展以及我国运输行业的绿色转型、"公转水"政策的持续深入推进,我国港口吞吐量将保持持续增长态势,这将会给港口领域的安全生产带来更大的挑战。

我国港口企业规模差别很大,既有拥有上千名职工、安全管理体系健全的大型港口企业,也存在只有几名职工、安全管理基础薄弱的小微企业;既有央企、国企,也有民营、外资、合资等不同所有制的企业。企业之间的安全生产水平差距较大,其中不乏主体责任不落实、安全条件差、从业人员素质低、设备设施存在严重缺陷、隐患排查治理不到位的企业。

港口作为交通运输行业的重要组成部分,一直被视为高风险领域。尤其是港口危险货物企业,由于作业货种具有易燃易爆、有毒有害等特点,一旦隐患转变为事故,极易造成重大的人员伤亡和财产损失。

港口领域事故多发,主要原因在于港口生产环境的动态性和复杂性。首先,港口生产处于动态变化过程,作业环境复杂,涉及人员较多,设备繁杂,作业过程多变,容易形成安全生产事故隐患。其次,港口企业安全生产主体责任落实不到位,人员安全意识淡薄,从业人员抱有侥幸心理,违反安全生产管理制度和安全操作规程。再次,设备设施由于设计不到位或缺乏有效的维护保养,导致其不满足安全生产条件。此外,极端天气和自然灾害也是港口企业安全生产事故频发的重要原因。尤其是企业从业人员素质较低,不了解隐患的成因,不具备隐患的识别判断能力,更是事故多发的一个很重要原因。

1.2　隐患排查的重要性和必要性

(1)是落实党中央国务院的要求

习近平总书记高度重视安全生产工作,要求各地区和有关部门时刻绷紧安全生产这根弦,加强安全管理,彻底排查各种风险隐患,切实把安全生产责任落到实处,坚决防范遏制重大安全事故发生。2016年7月,习近平总书记对加强安全生产和汛期安全防范工作作出重要指示强调,"安全生产是民生大事,一丝一毫不能放松,要以对人民极端负责的精神抓好安全生产工作,站在人民群众的角度想问题,把重大风险隐患当成事故来对待,守土有责,敢于担当,完善体制,严格监管,让人民群众安心放心"❶。2017年2月,习近平总书记主持召开国家安全工作座谈会强调,"要加强交通运输、消防、危险化学品等重点领域安全生产治理,遏制重特大事故的发生"❷。2023年春节前夕,习近平总书记视频连线看望慰问基层干部群众时指出,"要坚持底线思维,加强对极端恶劣天气的监测和预警,深入开展安全隐患排查治理,坚决遏制重特大安全事故发生"❸。习近平总书记的讲话,为我们做好安全生产工作指明了方向。国务院多次召开会议,要求牢固树立安全发展理念,进一步强化底线思

---

❶《习近平:守土有责敢于担当　完善体制严格监管　以对人民极端负责的精神抓好安全生产工作》,《人民日报》2016年7月21日。
❷《习近平主持召开国家安全工作座谈会强调:牢固树立认真贯彻总体国家安全观　开创新形势下国家安全工作新局面》,《人民日报》2017年2月18日。
❸《习近平春节前夕视频连线看望慰问基层干部群众　向全国各族人民致以新春的美好祝福　祝各族人民幸福安康　祝愿伟大祖国繁荣昌盛》,《人民日报》2023年1月19日。

维和红线意识,坚决克服麻痹思想和松劲情绪;坚持人民利益至上,坚持标本兼治、综合管理、源头管控;加强隐患排查治理,推动企业落实安全生产主体责任,推动安全生产领域改革发展。

(2)是落实国家法律法规的要求

《中华人民共和国安全生产法》(2021年修正)明确要求,生产经营单位应构建安全风险分级管控和隐患排查治理双重预防机制,并将其纳入主要负责人的法定职责,明确生产经营单位应当建立健全并落实安全生产事故隐患排查治理制度。采取技术、管理措施,及时发现并消除事故隐患。为深入推进隐患排查治理工作,2022年,国务院安全生产委员会制定部署安全生产十五条措施,明确要求深入扎实开展全国安全生产大检查,各地区各有关部门要全面深入排查重大风险隐患,列出清单、明确要求、压实责任、限期整改。盯紧守牢可能造成群死群伤的重大风险隐患,对排查整治不认真,未列入清单、经查实属于重大隐患的,要当作事故对待,引发事故的要从严从重追究责任。

(3)是提高人民群众安全感和幸福感的要求

隐患排查整治工作是保障人民群众生命财产安全的重要措施。强化安全隐患排查整治,不断增强人民群众的获得感、幸福感、安全感,已经成为全社会工作的重点。清楚安全原理,掌握隐患产生原因,从而深入推进隐患排查治理,进而可以有效防止事故发生,保护广大人民群众和从业人员的生命健康和财产安全,使得广大从业人员工作安心、出行放心,最终提高人民群众的安全感和幸福感。

第2章 危险货物码头区域典型隐患

2.1 总体布置

隐患1：液体化学品与液化烃装卸共用泊位

共用泊位,即同一个泊位上既可以装卸液体化学品,也可以装卸油品和液化烃。现行《油气化工码头设计防火规范》(JTS 158—2019)已经明确,液体化学品不得与液化烃共用同泊位。但是在该规范的上一个版本《装卸油品码头防火设计》(JTJ 237—99)中提出,在30000吨级以下的码头,可以与液化烃共用泊位。

（1）隐患示例

隐患表述：某码头存在液体化学品与液化烃共用泊位的情况。

（2）依据规范

《油气化工码头设计防火规范》(JTS 158—2019)第4.1.7.4款规定：液体化学品与液化烃装卸不得共用泊位。

（3）排查要点

①通过查看企业码头安全现状评价报告、港口危险货物作业附证、设计图纸、现场设备设施及对应货种标识等,明确企业实际作业货种和获批作业货种,并进而判断是否存在液体化学品与液化烃共用泊位；

②现场检查对应泊位、设备设施及货种标识是否与相关文件一致,是否涉及液体化学品与液化烃共用泊位的情况。

（4）原因分析

①码头建设时间较早,依据旧规范设计,新规范颁布后难以整改；

②企业人员不了解相关规定。

(5)专家点睛★

为防止因泊位共用而互相影响导致事故发生,在新规范(JTS 158—2019)中明确规定,液体化学品与液化烃不得共用泊位。

2020年以后建设的码头,不会出现该隐患。对于依据旧规范(JTJ 237—99)建设的码头,应在有条件时进行整改。对于受码头岸线等条件限制而暂时不具备整改条件的,也必须考虑不得因共用泊位相互影响导致事故发生,可从以下角度考虑安全措施:①液体化学品船舶与液化烃船舶不同时作业,包括靠离泊和装卸作业;②作业完毕后,用氮气扫线,防止事故发生后后果扩大。从长远来看,在具备建设条件时,还是分开设置为宜。

隐患2:油气化工码头的消防控制室与码头前沿线防火间距不足

消防控制室是指设有火灾自动报警控制设备和消防控制设备,用于接收、显示、处理火灾报警信号,控制相关消防设施的专门处所。具有消防联动功能的火灾自动报警系统的保护对象,应设置消防控制室。油气化工码头的前沿线与消防控制室等建(构)筑物的防火间距应满足规范要求。

(1)隐患示例

隐患表述:某甲A类码头前沿线与消防控制室的间距不足70m。

(2)依据规范

根据《油气化工码头设计防火规范》(JTS 158—2019)第4.2.7条,油气化工码头的建(构)筑物外墙与码头前沿线防火间距不宜小于表2.1-1的规定。

油气化工码头的建(构)筑物与码头前沿线防火间距(m) 表2.1-1

装卸液体火灾危险性	消防控制室、消防水泵房	变配电间、泡沫间	有明火及散发火花的建(构)筑物及地点	工艺泵站
甲A类	70	30	80	15
甲B、乙类	35	15	40	15
丙类	20	10	30	15

注:1. 防火间距是指船长范围内码头前沿线和建(构)筑物之间的距离;
2. 内河浮码头趸船上相关建(构)筑物防火间距可按中国船级社《钢质内河船舶入级与建造规范》相关规定执行;
3. 对于采用棚式或露天式布置的转输泵和泄空泵等工艺泵站,其间距可不受限制;
4. 当建(构)筑物内有非防爆设备时,其位置应位于爆炸危险区域之外,否则建(构)筑物应采取达到非爆炸危险环境的安全措施。

其中,甲 A 类码头前沿线与消防控制室的间距不宜小于 70m。

在旧规范《装卸油品码头防火设计规范》(JTJ 237—99)中无相关要求。

(3) 排查要点

首先,依据企业码头安全现状评价报告或设计图纸,查看间距是否符合规范要求。其次,携带测距仪测量码头前沿线与消防控制室的间距。

(4) 原因分析

①依据旧规范设计,新规范颁布后难以整改;

②企业相关人员不了解相关规定。

(5) 专家点睛 ★

旧规范《装卸油品码头防火设计规范》(JTJ 237—99)在制定过程中,针对码头附属建(构)筑物和码头前沿线的防火距离,参照相关规范对消防泵房、变配电间设置做了要求。在实际执行过程中,消防泵房和变配电间均能够按规范要求设置在防火间距之外,但由于缺少对消防控制室、泡沫间、工艺泵房这类码头建筑物的防火间距规定,也缺少对不同火灾危险性码头的分级要求,部分码头建设过程中,将此类建筑物临近码头前沿线设置,增加了火灾事故情形下的人员及设备自身安全风险。新实施的《油气化工码头设计防火规范》(JTS 158—2019)[替代原《装卸油品码头防火设计规范》(JTJ 237—99)]将此类防火距离集中做了分级分类规定,便于执行和管理。因此,依据现行规范,码头前沿线与消防控制室间距不足应判定为存在安全隐患。

2.2　装卸工艺

2.2.1　装卸作业区域防泄漏扩散措施

隐患 3:码头未设置防止液体流淌的围堰或紧急泄漏收集池

在易发生泄漏的部位设置围堰,其目的是控制泄漏物扩大蔓延,有利于应急处置。液化天然气和低温液化烃发生泄漏后,对周围设施及人员可能造成低温影响，因此，需要设置收集池进行集中处置。

(1) 隐患示例

隐患表述：某液化烃码头未设置泄漏收集池，围堰存在未封堵的洞口。

(2) 依据规范

《油气化工码头设计防火规范》(JTS 158—2019)第6.1.3条规定：码头装卸设备区、工艺阀组区、机泵区、物料计量区等应设置防止液体流淌的围堰，液化天然气和低温液化烃码头还应设置紧急泄漏收集池。

旧规范《装卸油品码头防火设计规范》(JTJ 237—99)无相关要求。

(3) 排查要点

首先，依据企业码头安全现状评价报告或设计图纸，查看围堰或收集池设置情况。其次，现场观察是否设置围堰或收集池。

(4) 原因分析

①依据旧规范设计，新规范颁布后难以整改；

②企业相关人员不了解相关规定。

(5) 专家点睛★

码头区域防止液体流淌的措施主要包括：设置防护围堰将装卸区域与周边区域隔离开来，防止泄漏液体流淌到周边区域；设置收集池，用于收集泄漏液体，避免液体流到其他区域；定期检查管道、阀门等设备的密封性能，及时发现并处理泄漏问题；设置泄漏报警器，一旦发现泄漏情况立即报警，采取应急措施；加强员工培训，提高员工安全意识，严格执行操作规程，避免人为操作失误导致泄漏事故的发生；定期进行演练和应急预案修订，提前做好应对突发事件的准备工作等。需要注意的是，在设置防护围堰时，有的企业为了排雨水需要，在围堰上设有阀门或排水孔，阀门、排水孔平时应处于关闭状态，以防事故情况下容纳泄漏物。

2.2.2　工艺系统安全设施

隐患4：输油管线压力表缺少指示工作压力的红线

压力表红线是指在压力表上标示的红色线条，它通常在表盘上的最高刻度处或者接近最高刻度处。其作用是提醒使用者,当压力达到这个点时,将超过允许压力,可能产生危险,需要采取相应的措施,以保证系统的安全和正常运行。

(1)隐患示例

隐患表述:某码头输油管线压力表未标示压力红线。

(2)依据规范

《固定式压力容器安全技术监察规程》(TSG 21—2016)第 9.2.1.2 条规定:压力表的检定和维护应当符合国家计量部门的有关规定,压力表安装前应当进行检定,在刻度盘上应当划出指示工作压力的红线,注明下次检定日期。压力表检定后应当加铅封。

(3)排查要点

首先,观察工艺管道上压力表盘上是否标示压力红线,并查看压力表上张贴的检定标志是否在有效期内。其次,查看企业的管理台账,查看压力表是否均按期进行检定。

(4)原因分析

①企业相关人员对压力表红线的作用理解不到位;
②巡检人员对该类问题习以为常;
③压力红线设置后脱落或懒于逐个张贴。

(5)专家点睛★

压力表上的红线表示压力系统的警戒线,也就相当于是一个可视安全阀。当指针达到或超过这一红线时,则表示压力系统超过了允许值,有破坏压力系统或机件的可能。压力表应定期进行检定,以保证刻度值的真实性。这条红线多数是在使用前经相关工作人员分析计算后加上去的,是指安装所在设备的最高允许工作压力,表示达到或超过这个压力可能会发生危险。因此,压力管道上的压力表缺少指示红线,应判定为存在安全隐患。

隐患 5:码头区域可燃气体探测器设置不合理

危险货物码头在装卸期间涉及多种危险货物,其中具有毒性和燃爆特性的物质比较多,危险性也较大。除通过采用密闭操作、保持安全距离等手段保证生产的安全外,也可通过采取必要的危险货物泄漏监控措施来降低危险性。随着经济发展和技术进步,可燃和有毒气体检测报警装置在生产中的使用越来越广泛,种类也越来越多。但是在安全检查过程中发现,许多企业都没有按照规范要求进行安装。许多企业对可燃气体和有毒气体报警装置不了解,已安装的报警装置存在不符合规范要求的情况。典型可燃气体探测器安装示意图如图2.2-1所示。

图 2.2-1 可燃气体探测器安装示意图

(1)隐患示例

隐患表述:某企业千吨级码头获批的危险货物种类含有甲苯,但是未设置可燃气体探测器和区域报警器。

(2)依据规范

《石油化工可燃气体和有毒气体检测报警设计标准》(GB/T 50493—2019)第4.2.1条规定:释放源处于露天或敞开式厂房布置的设备区域内,可燃气体探测器距其所覆盖范围内的任一释放源的水平距离不宜大于10m,有毒气体探测器距其所覆盖范围内的任一释放源的水平距离不宜大于4m。第4.3.6条规定:可能散发可燃气体的装卸码头,距输油臂水平平面10m范围内,应设一台探测器。第5.3.3条规定:有毒气体探测器宜带一体化的声、光警报器,可燃气体探测器可带一体化的声、光警报器,一体化声、光警报器的启动信号应采用第一级报警设定值信号。第3.0.4条规定:现场区域警报器应有声、光报警功能。

(3)排查要点

首先,结合企业货种实际情况和港口危险货物作业附证获批货种,对照码头气体探测器设计图,核实可燃气体探测器位置是否按图设置。其次,现场核实是否设置区域警报器,并检查是否具有声、光报警功能。

(4）原因分析

①为节省经费采购了无声、光报警功能的探测器,且未设置区域警报器;
②对相关规范不熟悉,不了解具体的设置要求;
③维护保养不到位,探测器损坏或声、光报警功能失灵。

(5）专家点睛★

可燃气体探测器的工作原理主要是进行气体含量检测。液体危险货物泄漏后,液体挥发为可燃气体,主要是烷烃等有机气体,如汽油蒸汽等。可燃气体发生爆炸必须同时具备三个条件:一定的可燃气体、一定量的氧气以及足够热量的点火源,三者缺一不可;缺少其中任何一个条件都不会引起火灾和爆炸。当可燃气体(蒸汽、粉尘)和氧气混合并达到一定浓度时,遇具有一定温度的火源就会发生爆炸。可燃气体遇火源发生爆炸的浓度称为爆炸浓度极限,简称爆炸极限,一般用体积百分数表示。实际上,这种混合物也不是在任何混合比例上都会发生爆炸,而要有一个浓度范围。当可燃气体浓度低于LEL(最低爆炸限度)时(可燃气体浓度不足)和其浓度高于UEL(最高爆炸限度)时(氧气不足),都不会发生爆炸。不同物质的可燃气体其爆炸极限各不相同,这一点在标定仪器时要十分注意。为安全起见,一般应当在可燃气体浓度为LEL的10%和20%时发出警报,这里,10% LEL称作警告警报,而20% LEL称作危险警报。

对于有毒气体探测器来说,其中的传感器是最核心的部件。有毒气体传感器是将空气中的有毒气体含量转化为电信号的器件。传感器产生的电信号经电子线路处理、放大,将信号传输到控制室进行显示或报警。传感器的优劣决定了有毒气体检测报警仪的质量和功能指标。

一般来说,探测器具有声、光报警功能,对于提示事故风险、提醒现场工作人员进行应急处置和疏散具有重要作用,最好配备具有声、光报警功能的探测器。因此,若码头前沿探测器没有声、光报警功能,且未设置带有声、光报警功能的区域警报器,则应判定为存在安全隐患。

隐患6:装卸高毒液体码头未设置有毒气体探测器

在可能散发可燃气体或有毒气体的装卸码头区域,除距输油臂水平平面

10m范围需要设置探测器外,在一些阀门组旁也需要设置。

(1)隐患示例

隐患表述:某企业码头获批货种有苯等有毒物质,但是码头区域经常操作的阀门组处仅设置可燃气体探测器,未设置有毒气体探测器。隐患照片如图2.2-2所示。

图2.2-2 码头阀门组未设置有毒气体探测器隐患图

(2)依据规范

《石油化工可燃气体和有毒气体检测报警设计标准》(GB/T 50493—2019)第4.1.3条规定,下列可燃气体和(或)有毒气体释放源周围应布置检测点:①气体压缩机和液体泵的动密封;②液体采样口和气体采样口;③液体(气体)排液(水)口和放空口;④经常拆卸的法兰和经常操作的阀门组。第3.0.1条规定:在生产或使用可燃气体及有毒气体的生产设施及储运设施的区域内,泄漏气体中可燃气体浓度可能达到报警设定值时,应设置可燃气体探测器;泄漏气体中有毒气体浓度可能达到报警设定值时,应设置有毒气体探测器;既属于可燃气体又属于有毒气体的单组分气体介质,应设有毒气体探测器;可燃气体与有毒气体同时存在的多组分混合气体,泄漏时可燃气体浓度和有毒气体浓度有可能同时达到报警设定值,应分别设置可燃气体探测器和有毒气体探测器。

(3)排查要点

首先,结合企业货种实际情况和港口危险货物作业附证获批货种,对照码头气体探测器设计图,核实有毒气体探测器位置是否按图设置。其次,现场核实是否设置区域警报器,并检查是否具有声、光报警功能。

(4)原因分析

①为节省经费采购了无声、光报警功能的探测器,且未设置区域警报器;
②对相关规范不熟悉,不了解具体的设置要求;
③维护保养不到位,探测器损坏或声、光报警功能失灵。

(5)专家点睛★

对于Ⅰ、Ⅱ级毒性液体,由于其毒性强,人体吸入蒸汽或食用后可能导致严重的健康危害,包括中毒甚至死亡。因此,为了及时发现上述物质泄漏,保护人身安全,应设置有毒气体探测器。

《石油化工可燃气体和有毒气体检测报警设计标准》(GB/T 50493—2019)第4.1.3条中规定的探测器检测点,主要是针对属于第二级释放源的设备或场所。所谓第二级释放源,就是在正常运行时不可能出现释放可燃、有毒物质的阀门密封处、法兰等连接件、取样点等。其中,设备和管道的法兰和阀门组在正常操作时不可能释放易燃和有毒物质,在不正常运行时可能泄漏可燃气体和有毒气体,故在经常拆卸的法兰和经常操作的阀门组处应设置探测器。因此,若码头装卸高毒货物,经常操作的阀组处未设置探测器,应判定为存在安全隐患。

2.2.3 解系缆设施

隐患7:码头前沿快速脱缆钩缺失或设置不符合要求

快速脱缆钩是一种装有脱缆钩代替缆桩作用的新型系船装置,如图2.2-3所示。它具有系船缆绳容易套上和快速解缆的特征。快速脱缆钩用万向接头接至底座上。快速脱缆钩的数目需要根据船舶吨级和缆绳拉力等因素确定。它的移动范围以缆钩能满足所预料的操作要求不被卡住为准。在正常和紧急情况下都可就地用人工操作或用电动机械遥控操作。与系缆桩相比,该产品减轻了工人劳动强度,提高了劳动效率、安全性和可靠性。

(1) 隐患示例

隐患表述：某码头设置缆绳张力监测系统，快速脱缆钩控制仅有现场手动操作功能。

(2) 依据规范

《油气化工码头设计防火规范》（JTS 158—2019）第 4.4.2 条规定：甲、乙类油气化工品的特级码头应设置快速脱缆装置。甲、乙类油气化工品的一级码头宜设置快速脱缆装置。

图 2.2-3　快速脱缆钩

《码头附属设施技术规范》（JTS 169—2017）第 9.3.3.2 款规定：快速脱缆钩控制应具备现场手动操作、现场控制箱电动操作和电控远距离脱放操作等功能。

在旧规范《码头附属设施技术规范》（JTJ 297—2001）[现已被《码头附属设施技术规范》（JTS 169—2017）替代]中，也已经提出了快速脱缆钩的要求。该规范第 2.5.3 条规定：快速脱缆钩可采用遥控操作，亦可采用手工操作。遥控操作的快速脱缆钩，运动部分应装设适当的安全防护装置。快速脱缆钩宜设置测力装置。

(3) 排查要点

重点排查现场设置的快速脱缆钩、控制箱和中控室相关控制系统。首先，对快速脱缆钩现场手动操作装置和现场控制箱进行检查，观察其设置是否符合规范要求，是否具备手动操作和现场控制箱电动操作功能。其次，前往中控室，询问企业人员相关控制系统的设置情况，并实际查看对应的操作按钮。

(4) 原因分析

①对快速脱缆钩控制要求理解不足；

②原装置提升改造需要一定资金，企业为了节约成本；

③对新规范的有关要求学习掌握不到位。

(5)专家点睛★

快速脱缆钩主要由脱缆机构及绞缆机构组成,特别适用于大型码头,要求操作人员少、风浪大、系缆及脱缆迅速的场合。尤其在码头或船舶发生火灾险情等紧急情况时,需要船舶迅速离开停泊码头,此时操作人员操纵手柄使锁定机构快速脱开,系泊缆绳迅速脱钩解缆,从而保证码头和船舶的安全,避免碰撞而造成巨大损失。而快速脱缆钩控制具备现场手动操作、现场控制箱电动操作和电控远距离脱放操作等功能,能确保在任何紧急情况下均可以达到效果。因此,依据相关规范,快速脱缆钩控制仅有现场手动操作功能应判定为存在安全隐患。

2.3 消　　防

2.3.1 消防灭火系统

隐患8:液化烃码头未设置泡沫灭火系统

泡沫灭火系统是指普通空气机械泡沫灭火系统,是当下扑救甲、乙、丙类液体火灾和一般固体物质火灾普遍使用的灭火系统。在火灾危险性较大的甲、乙、丙类液体储罐区和其他危险场所,其灭火优越性非常明显。实践证明,该系统具有安全性高、经济实用、灭火效率高等优点。

根据码头防火等级,不同火灾危险分类码头消防设施的配备要求不同,其中,甲类码头要求相对较高,尤其是液化烃码头,需要认真按照相关规范进行配备。

(1)隐患示例

隐患表述:某液化烃码头未设置高倍数泡沫灭火系统。

(2)依据规范

根据《油气化工码头设计防火规范》(JTS 158—2019)第7.1.3条,油气化工码头消防设施的设置应符合下列规定:①液化天然气和液化烃码头,应采用固定式水冷却、干粉灭火方式和高倍数泡沫灭火系统。②甲B、乙类油品和液体化学品的特级、一级、二级码头,丙类油品和液体化学品的特级、一级码头,应采用固定式水冷却和泡沫灭火方式。③甲B、乙类油品和液体化学品的三级码头,丙类油品和液体化学品二级、三级的码头,可采用半固定式水冷却和泡沫灭火方式,对具备消防车辆通行条件的码头也可采用移动式水冷却和泡沫灭火方式。④油气化工码头采用固定式、半固定式水冷却和泡沫灭火方式时,应设置消火栓和泡沫栓,并配备移动消防炮及灭火器。码头采用移动式水冷却和泡沫灭火方式时,应配备灭火器。

(3)排查要点

重点排查消防设计文件和现场消防设备设施。首先,依据消防设计文件检查消防系统配备情况。其次,肉眼观察现场消防设备设施是否符合规范要求。

(4)原因分析

①对消防设施配备相关规范不了解;

②建设时期较早,而早期规范无相关要求,新规范实施后,企业舍不得投资进行改造;

③建设时期较早,而早期规范无相关要求,新规范实施后,企业想整改但是不具备整改条件。

(5)专家点睛★

泡沫灭火系统的泡沫发泡倍数在200~1000倍之间称为高倍数泡沫灭火系统。

高倍数泡沫灭火剂能够产生大量泡沫,在火灾现场形成厚实、稳定的泡沫覆盖层。这种覆盖层能够迅速覆盖在火焰表面,并且具有较强的附着性,能够有效地隔离空气中的氧气,从而扑灭火焰。此外,高倍数泡沫灭火剂的泡沫能够迅速降低火焰温度,并吸收火焰释放的热量,从而迅速控制火势。与普通泡沫灭火剂相比,高倍数泡沫灭火剂能够更快速地扑灭火灾,灭火效果更为显著。高倍数泡沫灭火系统适用于各种类型的火灾,包括液体火灾、气体火灾、固体火灾等。高倍数泡沫灭火系统使用泡沫作为灭火介质,相比传统的水雾灭火系统,能够更好地节约水资源,减少环境污染。由于液化烃危险性极高,为了防止火灾扩大,在火灾初期必须控制火势,因此,应采用高倍数泡沫灭火系统。现行《油气化工码头设计防火规范》(JTS 158—2019)明确规定,液化天然气和液化烃码头应采用高倍数泡沫灭火系统。因此,若液化天然气和液化烃码头未设置高倍数泡沫灭火系统,应判定为存在安全隐患。

隐患9:推车式灭火器软管盘卷方式错误

《油气化工码头设计防火规范》(JTS 158—2019)规定,在甲、乙类码头装卸臂15m范围内宜设置一辆推车式干粉灭火器。对于初起火灾,应尽快使用灭火器灭火,因此,推车式灭火器的软管应能尽快展开,以便快速使用。但是部分码头设置的推车式灭火器,软管盘卷方式五花八门,最常见的就是一圈圈地缠绕在推车扶手上,这非常不利于紧急情况下的快速使用。

(1)隐患示例

隐患表述:某码头前沿部分推车式灭火器软管盘卷方式不利于紧急情况下的快速使用。隐患照片如图2.3-1所示。

图2.3-1 推车式灭火器软管盘卷方式错误隐患图

(2)依据规范

《推车式灭火器》(GB 8109—2023)第6.9.2条规定:喷射软管组件和喷射控制阀应被安全地固定在贮藏盒或夹紧装置中。在危急的场合,喷射软管应能被快速简便地展开,并无绞缠。

(3)排查要点

重点排查推车式灭火器软管的盘卷方式。若盘卷方式有误,不便于尽快展开使用,应现场为企业人员进行讲解,并就地进行整改。

(4)原因分析

①对推车式灭火器软管的盘卷要求不了解;
②收纳软管时只图方便省事。

(5) 专家点睛★

应急物资应做到事故情况下便于取用。目前港口企业大多数采用"O"形缠绕式捆扎,有的为了稳固还将喷嘴穿过去固定,软管展开比较浪费时间,且喷射软管拉开后易绞缠。如果在绞缠状态下使用灭火器,容易发生软管爆裂、堵塞、不能喷射灭火剂等故障,必须花费一段时间将其理顺,从而延误最佳灭火时机。建议的捆扎方式是"S"形折叠式捆扎,即自然地将软管折叠放于顶部,使用时一拉即可展开,这样喷射软管便自然平顺展开,不会出现绞缠现象。因此,若港口企业码头现场推车式灭火器软管的盘卷方式错误,应判定为存在安全隐患。

隐患10:消火栓箱门张贴清单与内部实际情况不一致

《中华人民共和国消防法》(2021年修正)规定,企业应配置消防设施、器材,并定期组织检验、维修。码头前沿最常见的消防设施、器材即为消火栓箱。很多企业会在消火栓箱门上张贴内部设施明细清单,有时可发现部分清单内容与内部实际情况不一致,此时并无大碍;但若涉及重要消防设施的随意检查、不核实就确认的情况,可能存在消防设施不足或损坏失效的情况,一旦发生火灾,将延误救援处置,造成严重后果。因此,该情况属于较恶劣的行为,必须严格禁止。

(1) 隐患示例

隐患表述:某码头配套消火栓箱门张贴清单中显示有泡沫枪1个,与内部实际数量不一致。

(2) 依据规范

《中华人民共和国消防法》(2021年修正)第十六条规定,企业等单位应当履行下列消防安全职责:(二)按照国家标准、行业标准配置消防设施、器材,设置消防安全标志,并定期组织检验、维修,确保完好有效。

(3) 排查要点

重点排查码头现场配备的消火栓箱、消防器材箱是否张贴清单,清单内容是否与内部消防设施一致,以及企业是否定期对消火栓箱、消防器材箱进行检查并进行记录。

（4）原因分析

①对消防设备检查卡的具体内容不了解，仅依靠模版内容，不依据企业实际情况修改；

②检查时只图方便省事，未仔细核对消火栓箱、消防器材箱内的实际情况。

（5）专家点睛★

消火栓箱是指用于存放消火栓的箱子，用于起火时进行灭火，箱内通常设有消防水带、消防水枪等，对于油品等火灾，还设有泡沫枪。消防水带、消防水枪、泡沫枪均属于消防产品，有相应的产品标准。而消防器材箱含义更广，不局限于消火栓相关设备，箱内设置器材更广：一是各种类型的灭火器，如干粉灭火器、二氧化碳灭火器等；二是消防水带和消防水枪；三是消防斧，用于打开门窗、破坏障碍物等应急救援工作。

《中华人民共和国消防法》（2021年修正）明确规定，企业等单位应当按照国家标准或行业标准配置消防设施、器材，设置消防安全标志，并定期组织检验、维修，确保完好有效。因此，如果企业配置了消火栓箱、消防器材箱，但内部缺少必要的消防器材或未设置清单、未定期检查等，属于安全隐患。尤其是清单与内部情况不一致时仍在检查时逐项打勾确认，则属于较严重的问题。

2.3.2　消防报警设施

隐患11：手动火灾报警按钮颜色不易识别

火灾手动报警按钮是一种在发生火灾时可以手动启动的报警装置，主要设置在公共建筑、易燃易爆罐区、码头等火灾危险性较高场所。它通常是一个红色的按钮，旁边标有"紧急报警"或"119"等标识。当发现火灾时，可以迅速按下按钮，启动报警系统，向消防部门发出警报。常见的手动火灾报警按钮如图2.3-2所示。

（1）隐患示例

隐患表述：某码头前沿手动火灾报警按钮未设明显的红色标志。隐患照片如图2.3-3所示。

图 2.3-2　手动火灾报警按钮　　图 2.3-3　手动火灾报警按钮无红色标志隐患图

(2) 依据规范

《油气化工码头设计防火规范》(JTS 158—2019) 第 8.2.4.4 款规定:手动火灾报警按钮的安装高度距地面宜为 1.3~1.5m,且应有明显的红色标志。

(3) 排查要点

首先,与消防设计图进行比对,确定手动火灾报警按钮位置是否按图设置。其次,通过现场检查确定手动火灾报警按钮的安装高度。再次,观察手动火灾报警按钮的颜色,是否有明显的红色标志,是否足够引人注意,方便紧急情况下快速确定位置。

(4) 原因分析

①安装时不了解相关规定,随意采购配备;

②未按图施工;

③使用中掉色,未及时维护。

(5) 专家点睛★

手动火灾报警按钮是重要的消防报警设施,在码头前沿的室外空旷场地上,确保手动火灾报警按钮足够醒目、方便作业人员在紧急情况下能够快速确定位置并及时使用至关重要。此外,火灾报警器的安装高度应便于人员使用,过高或过低都会对使用造成影响,因此,规范规定应距地面 1.3~1.5m。若码头前沿手动火灾报警按钮设置位置不合理,未设明显的红色标志,应判定为存在安全隐患。

2.4 静电和电气安全

2.4.1 防静电危害

隐患12：装卸软管未配置不导电短管

不导电短管是一种特殊的绝缘管段，采用不导电材料制作，如图2.4-1所示。装卸软管应配置不导电短管，以防止船岸之间杂散电流危害。

（1）隐患示例

隐患表述：某码头配套的工艺管道与装卸软管连接部分未配置不导电短管。隐患照片如图2.4-2所示。

图2.4-1 不导电短管　　　　图2.4-2 装卸软管未配置不导电短管隐患图

（2）依据规范

《油气化工码头设计防火规范》(JTS 158—2019)第5.2.1.6款规定：装卸臂应配带绝缘法兰，装卸软管应配置不导电短管。第8.3.4条规定：油气化工码头与作业船舶之间应采取电气绝缘措施。装卸臂绝缘法兰或软管配带的不导电短管的电阻值不应小于25kΩ，且不得大于2.5MΩ。该绝缘段向船舶一侧的金属部件应与船体保持电气连续性，向码头一侧的金属部件应与码头接地装置保持电气连续性。码头登船通道不得形成船岸之间的电气通路。

(3) 排查要点

肉眼观察使用软管装卸的油气化工码头管道装卸口附近是否配置不导电短管。由于输油臂生产厂家一般会配备绝缘法兰,因此,使用软管装卸的油气化工码头有较大可能性没有配置不导电短管。依据《油气化工码头设计防火规范》(JTS 158—2019)的相关规定,船岸静电跨接已被不导电短管替代,现场不应再配置船岸静电跨接装置。

(4) 原因分析

①企业人员未对新规范进行认真学习;
②不了解不导电短管的作用和安全原理;
③以为船岸静电跨接装置可以继续使用。

(5) 专家点睛★

依据《油气化工码头设计防火规范》(JTS 158—2019)的相关条文解释,因船岸电气连接不符合规定而引起的事故在国内外时有发生。旧规范《装卸油品码头防火设计规范》(JTJ 237—99)制定时考虑到国内外不同做法,提出了相互矛盾的两种要求,第一种要求将码头和船舶之间采用电气绝缘,第二种要求码头和船舶之间进行跨接,上述矛盾导致在工程实践中执行混乱。船岸跨接电缆是码头防火安全的关键环节,而船岸静电和杂散电流又是一个复杂且又有争议的问题。近年来,随着静电理论的发展和油气化工品船舶运营管理经验的实践积累,船岸跨接这一传统的防护手段逐步被国际海运界所淡化。《国际油船和油码头安全指南》(第 5 版)规定,在油船装卸作业时,船-岸之间要求加装绝缘法兰或不导电短管,以中断船岸之间的杂散电流。美国石油协会(API)和美国消防协会(NFPA)相关标准中也推荐这一做法。根据船岸杂散电流和静电安全机理,结合码头使用情况,《油气化工码头设计防火规范》(JTS 158—2019)第 8.3.4 条规定,油气化工码头与作业船舶之间采取电气绝缘措施,以策安全。上述要求与我国现行国家标准《油船在港作业安全要求》(GB 18434—2022)要求一致,并符合国际通行做法。因此,依据相关标准规范,若现场仅使用船岸跨接而未配置不导电短管,或二者同时使用,应判定为存在安全隐患。

需要注意的是,有些企业虽然在装卸软管上设置了不导电短管,但是在装卸作业时继续进行船岸跨接,这就违背了标准制定的初衷,也会带来较大的安全风险,是不符合现行标准要求的。

隐患13:危险货物输送管道法兰未进行跨接

静电跨接用于消除静电,防止静电火花的产生,利用导电性比较好的金属将两个法兰或者阀门法兰连接起来,将管道接地,法兰一般都做防腐处理,造成接触不良而容易产生火花。为了防止事故发生,需要进行法兰跨接,给产生的电荷提供泄放的通道。

(1)隐患示例

隐患表述:某码头配套的工艺管道部分法兰未进行跨接。隐患照片如图2.4-3所示。

某码头配套的工艺管道部分法兰未进行有效跨接。隐患照片如图2.4-4所示。

图2.4-3 危险货物输送管道法兰未进行跨接隐患图

图2.4-4 危险货物输送管道法兰静电跨接错误隐患图

(2)依据规范

《油气化工码头设计防火规范》(JTS 158—2019)第8.3.2.2款规定:工艺管道系统的所有金属附件,包括外保护层等均应接地。爆炸危险区域内工艺管道的金属法兰连接处应跨接。

《工业金属管道工程施工规范》(GB 50235—2010)第7.13.1条规定:设计有静电接地要求的管道,当每对法兰或其他接头间电阻值超过0.03Ω时,应设导线跨接。

《石油库设计规范》(GB 50074—2014)第14.2.12条规定,在爆炸危险区域内的工艺管道,应采取下列防雷措施:工艺管道的金属法兰连接处应跨接。当不少于5根螺栓连接时,在非腐蚀环境下可不跨接。

(3) 排查要点

首先,查看企业是否有设计院出具的码头防爆区域划分图,码头现场是否涉及爆炸危险区;或根据企业港口危险货物作业附证所批作业货种,明确货种中是否涉及易燃易爆物质,根据《油气化工码头设计防火规范》(JTS 158—2019)附录判定爆炸危险区范围。其次,检查爆炸危险区内的法兰是否进行有效跨接。

需要注意的是,依据现行《油气化工码头设计防火规范》(JTS 158—2019)的规定,所有在爆炸危险区域内的工艺管道的金属法兰连接处均应进行跨接,无论法兰连接的螺栓数量多少,这一点与《石油库设计规范》(GB 50074—2014)有很大不同。

(4) 原因分析

①安装管道时,施工单位偷工减料或疏忽,导致部分法兰未跨接;
②法兰跨接后期损坏未及时修复;
③企业相关人员不具备相应技术能力;
④巡检不到位。

(5) 专家点睛★

静电是一种客观存在的自然现象,产生的方式多种,如接触、摩擦、电器间感应等。静电具有长时间积聚、高电压、低电量、小电流和作用时间短等特点。摩擦起电和人体静电是电子工业中的两大危害,有时甚至可以产生几千伏甚至上万伏的静电。静电防护工作是一项长期的系统工程,任何环节的失误或疏漏,都可能导致静电防护工作的失败。

为防止静电积累所引起的人身电击、火灾和爆炸等事故,以及对生产的不良影响,必须采取防范措施。防范原则主要是抑制静电的产生,加速静电的泄放,进行静电中和等。因此,依据相关标准规范,若爆炸危险区域内有任何危险货物输送管道法兰未进行跨接或跨接损坏,应判定为存在安全隐患。

法兰跨接的正确方式为:在成对的法兰之间,直接设置静电跨接线。在实际生产中,多数企业存在跨过法兰进行跨接的情况(参见图2.4-4),这是错误的。此外,静电跨接线的两头最好加上"线鼻子",以杜绝因铜丝裸露在空气中容易氧化并且断裂的问题,确保导除静电的效果。

隐患14:工艺管道的始末端、分支处及直线段接地不规范

管道接地不仅能够保证设备、人员的安全,还能够确保装卸系统、配套设备的工作稳定性。港口危险货物中,可燃气体、液化烃、易燃可燃液体的输送管道应设置静电接地装置。

(1)隐患示例

隐患表述:某码头作业区及引桥管廊管道接地不规范,工艺管道的始末端、分支处及直线段每隔200~300m处未设置静电接地装置。

(2)依据规范

《油气化工码头设计防火规范》(JTS 158—2019)第8.3.2.3款规定:(易燃可燃物料的)工艺管道的始末端、分支处及直线段每隔200~300m处应设置防静电接地装置和防雷击电磁脉冲接地装置,二者可合并接地。接地点宜设在固定管墩(架)处。接地电阻不宜大于30Ω。

(3)排查要点

重点排查码头设计图、工艺管道的始末端及分支处,肉眼大致观察现场工艺管道的直线段。首先,建议检查企业码头设计图对于管道的接地是否有明确的设计。其次,依据《油气化工码头设计防火规范》(JTS 158—2019)的规定,工艺管道的始末端、分支处及直线段每隔200~300m处均应设置管道静电接地装置,对于直线段的要求并不算高,大致对直线段进行目测即可,但应至少设置一处接地装置。

(4)原因分析

①设计未做要求;

②安装管道时,施工单位偷工减料或疏忽,导致部分法兰未跨接;

③企业相关人员不具备相应技术能力,对相关规范要求不了解;

④巡检不到位。

(5) 专家点睛★

液体在流动过程中产生的静电现象是由于液体中的正负离子在流动过程中发生了分离。当液体开始流动时,原本均匀分布的正负离子由于摩擦和湍流的作用,导致一部分离子被带走,而另一部分则留在原地,从而形成了电荷的积累,即产生了静电。流速越大,冲刷作用越强,静电效果越明显。尤其是在管道分支处、始末端、拐弯处等位置,由于流体流向的突然变化,冲击作用明显,会产生大量的静电。为了避免静电累积等对管道、储罐内危险货物的储存和运输带来危害,必须及时有效导除静电。具体手段包括以下几个方面:第一,通过科学合理的静电导除方案,及时避免危险货物管道遭受静电危害。第二,通过有效的接地系统,使各种设备、管道、仪器等完成接地,消除或减少危险货物管道电压和静电电荷,以减少静电火灾爆炸事故的发生。第三,规范清理管道静电,确保工艺系统的环境和设备不受过多的静电和电磁干扰。第四,加强人员防范意识和培训,提高应急处置和逃生自救能力。因此,根据相关标准规范,若工艺管道的始末端、分支处及直线段每隔200~300m处未进行静电接地或接地装置损坏,应判定为存在安全隐患。

2.4.2 电气安全

隐患15:金属制电缆桥架未进行电气连接

电缆桥架分为槽式、托盘式、梯架式、网格式等结构,由支架、托臂和安装附件等组成。码头前沿桥架可以独立架设,也可以敷设在各种建(构)筑物和管廊支架上,全部零件均需进行镀锌处理,尤其是安装在建筑物外的露天桥架。

(1) 隐患示例

隐患表述:某码头配套的金属电缆桥架未设置电气跨接。隐患照片如图2.4-5所示。

图2.4-5 金属制电缆桥架未进行电气跨接隐患图

(2)依据规范

《电力工程电缆设计标准》(GB 50217—2018)第6.2.9条规定:金属制桥架系统应设置可靠的电气连接并接地。

(3)排查要点

首先,检查现场电缆桥架连接处是否进行了电气跨接。其次,检查现场电缆桥架是否设置了接地线,接地点是否合理。

(4)原因分析

①施工时偷工减料或遗漏,未全部跨接;

②后期维护不到位;

③对电气跨接的重要性认识不足。

(5)专家点睛★

金属制桥架系统应设置可靠的电气连接,主要是因为这样可以确保桥架系统的安全性和可靠性。具体来说,金属桥架通过设置可靠的电气连接,可以有效地将桥架系统与保护导体相连,从而形成一个等电位连接。这种连接方式有助于减少电位差,避免因电位差引起的电击危险,同时也能够降低因雷电或其他电气故障导致的损害风险。此外,可靠的电气连接还能确保桥架系统的接地效果,进一步提高其安全性能。因此,在电缆桥架的设计和安装过程中必须设置跨接线,以确保系统接地良好、性能稳定、安全可靠,若码头配套的金属电缆桥架未设置电气跨接,应判定为存在安全隐患。

隐患16:电动设备外壳未接地

电动设备外壳接地是为了防止电动设备外壳带电,保证使用者的人身安全。当电动设备出现漏电时,电动设备外壳接地线能够将漏电的电流引入接地线或零线上,从而达到保护人身安全的目的。

电动设备外壳接地线的正确接法是接在接地线或者零线上。接地线是指接地电缆,可以与地面直接接触;零线是指公共接地线,它与电力系统中的中性点相连,并通过接地电极或地线连接到地面。在接地线与零线之间选择连接的位置时,应该优先选择接地线。如果将电动设备外壳接地线连接到零线上,一旦电动设备外壳漏电,零线无法将漏电电流引入地面,则法起到保护作用。而如果电动设备外壳接地线连接到接地线上,漏电电流可以通过接地线流入地面,从而起到保护作用。常见电动设备外壳接地示意图如图2.4-6所示。

（1）隐患示例

隐患表述：某码头配套泊位西侧消防系统电动设备外壳未接地。隐患照片如图2.4-7所示。

图2.4-6 电动设备外壳接地示意图

图2.4-7 电动设备外壳未接地隐患图

（2）依据规范

《电气装置安装工程 接地装置施工及验收规范》（GB 50169—2016）第3.0.4条规定,电气装置的下列金属部分,均必须接地:①电气设备的金属底座、框架及外壳和传动装置;②配电、控制、保护用的屏（柜、箱）及操作台的金属框架和底座;③电力电缆的金属护层、接头盒、终端头和金属保护管及二次电缆的屏蔽层;④电缆桥架、支架和井架;⑤配电装置的金属遮栏;⑥电热设备的金属外壳。

（3）排查要点

首先,排查现场配备的电动设备是否设有黄绿接地线,将电动设备外壳与接地扁铁进行有效连接。其次,若无黄绿接地线,则查看企业的电气设计图纸,确定是否设有接地线。再次,若无黄绿接地线,可以查看电动设备说明书,确定其是否设有接地连接线。

(4)原因分析

①设计时未考虑或施工时遗漏,导致未设置电气接地;

②接地脱落或损坏后,未及时修复;

③相关人员对电气接地的原理和重视程度不足。

(5)专家点睛 ★

电动设备外壳接地线应该接在接地线或者零线上,以确保电动设备的安全运行。在实际操作中,应该注意电动设备绝缘情况的检查,合理选择接线位置,并确保接地线的连接牢固可靠。如果电动设备外壳接地线漏电,需要及时检查电动设备的绝缘情况。通常情况下,如果电动设备内部绝缘破损,电流会流入电机外壳,导致外壳带电。在检查电动设备的绝缘情况时,应该先切断电源,并使用万用表或绝缘电阻仪测量电动设备的绝缘电阻。绝缘电阻应该大于 $5M\Omega$,如果电阻值小于 $5M\Omega$,说明电动设备绝缘破损,应该及时更换。在进行电动设备维修或更换时,应该注意电动设备外壳的接地线的重新连接。接地线的连接必须牢固可靠,以确保电动设备的安全运行。依据现行规范要求,电动设备的金属底座、框架及外壳和传动装置必须进行接地,否则应判定为存在安全隐患。

2.5 其他港口设施

2.5.1 港口设施维护保养

隐患17:电气穿线管脱落

港口设施是港口主要设施和附属设施的总称。港口主要设施包括码头、港区道路、堆场、仓库、油、储罐及其他生产与生产辅助设施等。附属设施包括系靠船设施、消防设施、防护设施和环保设施等。

保养是指对港口设施进行预防性养护或对其轻微损坏部分进行修补;小修是指对港口设施的局部损坏、一般性缺陷和病害进行修理;中修是指对港口设施的较大损坏进行局部综合修理;大修是指对港口设施的严重损坏进行全面综合修理。

(1) 隐患示例

隐患表述:某码头电气设备穿线钢管连接处松动脱落。隐患照片如图 2.5-1 所示。

图 2.5-1　码头电气设备穿线管脱落隐患图

(2) 依据规范

《港口设施维护技术规范》(JTS 310—2013)第 5.1.4 条规定:港口设施应保持完好、整洁;各种指示、标志应齐全、清晰;夜间照明应符合有关标准规定;防护、消防、环保、防汛等设施应齐全有效。

(3) 排查要点

以现场肉眼检查港口设施完好性、有效性为主,部分专业设备的有效性可安排专业人员进行测试。重点排查港口设施是否完好、完整,是否有明显的破损;排查港口设施是否整洁,是否对现场安全产生影响;排查现场指示、标志;排查其他设施是否有效。

(4) 原因分析

①维护保养不到位;
②现场作业人员对该类问题"熟视无睹",以为没什么影响;
③巡检时未注意该问题。

(5) 专家点睛★

我国港口建设发展迅猛,在投资大、工期紧、任务多的情况下遗留了多个问题需要在使用中予以解决。此外,随着港口生产发展和设施使用年限的增长,如何维护管理好现有的港口设施,成为业内人士较为关心的问题。人们开始在港口设施养护领域进行技术和管理的探索,对港口设施维护管理的概念有了更多共识,特别是交通部于1997年颁布了我国第一部有关港口设施维护管理的行业技术规范——《港口设施维护技术规程》(JTJ/T 289—97),填补了当时水运工程维护标准体系的空白。港口运输的迅速发展,对港口设施维护管理提出了更高要求。为了适应发展的需要,对原JTJ/T 289—97进行了修订,即现行的《港口设施维护技术规范》(JTS 310—2013)。因此,若企业对港口设施维护保养不到位,不满足现行规范的要求,应判定为存在安全隐患。

2.5.2 安全标识

隐患18:安全周知牌内容有误

安全周知牌是现场设立的警示标牌,形式比较简单,内容相对较少;而安全技术说明书的内容包括厂家名称联系方式、化学品成分、危害因素、防护措施、消防方法、应急处置措施、运输注意事项、储存注意事项、法规信息等十六部分内容,比较全面。按照国家要求,安全技术说明书是需要张贴在化学品储存与使用场所的,方便查询;而安全周知牌主要用于向从业人员提示相关风险和处置措施。以二甲苯为例,其安全周知卡如图2.5-2所示。

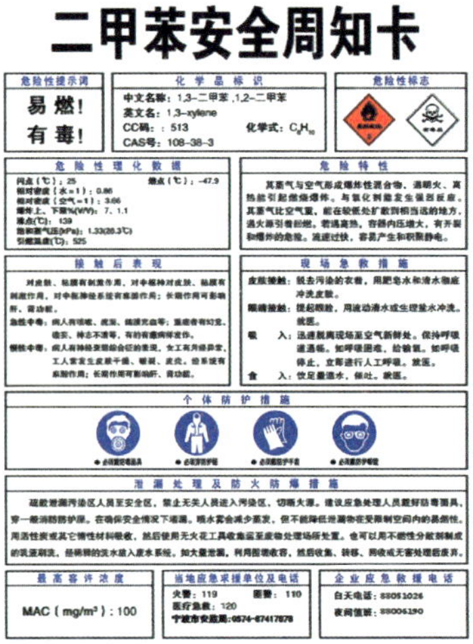

图2.5-2 安全周知卡

(1)隐患示例

隐患表述:某码头设置的乙二醇危险货物安全周知牌内容有误,如将乙二醇描述为易燃、易爆、有毒物质等。隐患照片如图2.5-3所示。

(2)依据规范

《危险化学品从业单位安全标准化通用规范》(AQ 3013—2008)第5.7.6条规定:企业应当以适当、有效的方式对从业人员及相关方进行宣传,使其了解生产过程中危险化学品的危险特性、活性危害、禁配物等,以及采取的预防及应急处理措施。

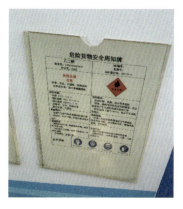

图2.5-3 安全周知牌内容有误隐患图

(3)排查要点

现场检查是否设置安全周知牌;若设置,将安全周知牌内容与安全技术说明书进行对比,确认相关内容的准确性。

(4)原因分析

①企业对于安全周知牌应包含内容的相关规定不清楚;
②现场作业人员对该类问题"熟视无睹",以为没什么影响;
③对现场风险辨识不准确。

(5)专家点睛★

安全周知牌上标注的危害类别,包括爆炸品、易燃品、氧化剂、毒性物质等,能够提示人们有关危害类别的信息。在进行生产操作时,应该十分重视危害类别,采取相应的防护措施,避免人员伤害和财产损失。安全周知牌上还应标有应急措施的提示,包括事故紧急处理、漏洞或泄漏应急处理等,这些措施是保护人员和周围环境安全的关键措施。安全周知牌也会标注有关个人防护的信息,例如穿戴特定防护设备、避开潜在危险区域等。人们需要遵守相关的个人防护措施,以保障自己的安全。安全周知牌内容缺失或错误会严重影响现场人员预防和处理相关事故的认知和能力,因此,若现场安全周知牌内容缺失或错误,应判定为存在安全隐患。

隐患 19：警示标识褪色、破损、缺失

警示标识是向工作人员警示工作场所或周围环境的危险状况，指导人们采取合理行为的标志。警示标识能够提醒工作人员预防危险，从而避免事故发生；当危险发生时，能够指示人们尽快逃离，或者指示人们采取正确、有效、得力的措施，对危害加以遏制。安全标志不仅类型要与所警示的内容相吻合，而且设置位置要正确合理，否则就难以真正充分发挥其警示作用。警示标识属于港口设施的重要组成部分。部分警示标识如图 2.5-4 所示。

图 2.5-4　警示标识

（1）隐患示例

隐患表述：某码头多处警示标识褪色严重。隐患照片如图 2.5-5 所示。

图 2.5-5　警示标识褪色隐患图

(2)依据规范

《港口设施维护技术规范》(JTS 310—2013)第5.1.4条规定:港口设施应保持完好、整洁;各种指示、标志应齐全、清晰;夜间照明应符合有关标准规定;防护、消防、环保、防汛等设施应齐全有效。

《港口作业安全要求 第1部分:油气化工码头》(GB 16994.1—2021)第4.1.3条规定:安全标志和警示标识等每半年应至少检查1次。

(3)排查要点

首先,检查码头现场张贴的各种警示标识是否齐全,能否涵盖主要的安全风险。其次,检查警示标识是否清晰、容易辨识。

(4)原因分析

①对警示标识的重要性认识不足,未进行张贴;

②不掌握相关技术要求;

③未按规定对警示标识进行检查,且维护保养不到位而导致破损、褪色等。

(5)专家点睛★

警示标识是一种重要的安全设施,它可以帮助人们识别危险场所和安全信息,保障人身和财产安全。警示标识可以明确地指示出危险场所和注意事项,让人们能够及时发现并避免危险,减少意外事故的发生。因此,若现场警示标识缺失或褪色、破损,应判定为存在安全隐患。

隐患20:码头区域安全标志顺序错误

安全标志是安全生产现场和设备设施管理的重要内容之一,也是法规、标准的重要要求之一,当现场存在几个安全标志同时设置时,其先后顺序也有明确的规定。

(1)隐患示例

隐患表述:某码头后方施工区域部分安全标志顺序张贴错误。隐患照片如图2.5-6所示。

图 2.5-6　码头区域安全标志顺序错误隐患图

（2）依据规范

《安全标志及其使用导则》（GB 2894—2008）第 9.5 条规定：多个标志牌在一起设置时，应按警告、禁止、指令、提示类型的顺序，先左后右、先上后下地排列。

（3）排查要点

首先，检查安全标志是否相对集中设置。其次，检查安全标志是否按照警告、禁止、指令、提示的顺序排列。

（4）原因分析

①不了解相关规范要求；

②设置时不认真，随便放在一起省事；

③委托广告公司制作，但是广告公司专业能力不足，企业也未进行审核。

（5）专家点睛★

《中华人民共和国安全生产法》（2021 年修正）中对于安全警示标志有明确的法定要求，其中第三十五条规定，生产经营单位应当在有较大危险因素的生产经营场所和有关设施、设备上，设置明显的安全警示标志。由此可以看出，安全警示标志对于风险防范有重要作用和法律要求。因此，安全警示标志也是应急管理部门和行业管理部门现场检查时重点关注的内容之一。在实际工作中，也不乏因为安全警示标志不合规而引发的执法处罚案例。而安全警示标志的顺序必须突出警告和禁止标志，提示现场作业人员远离相关风险，若安全警示标志顺序混乱、错误等,也应判定为存在安全隐患。

隐患 21:危险货物码头区域输送管道标识设置不足

在港口企业中,危货码头及附属区域经常需要安装大量的输送各类危险货物和配套物质的管道,为了便于识别管内流体的种类和状态,有利于对管道进行管理、维修以及出于安全方面的考虑,通常需要对各类管道进行详细的涂色与标识。某企业管道标识示意图如图 2.5-7 所示。

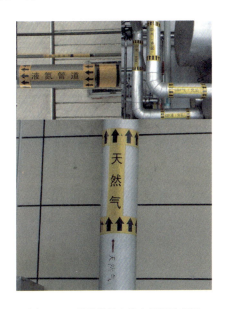

图 2.5-7　管道货种和流向标识示意图

(1)隐患示例

隐患表述:某码头处设置的管线未标明流向、货种名称。

(2)依据规范

《港口作业安全要求　第 1 部分:油气化工码头》(GB 16994.1—2021)第 4.1.3 条规定:安全标志、警示标识以及工业管道的基本识别色、识别符号和安全标识的设置应按照 GB 2893、GB 2894、GB 7231 的规定执行。安全标志和警示标识等每半年应至少检查 1 次。

《工业管道的基本识别色、识别符号和安全标识》(GB 7231—2003)第 5

章规定:工业管道的识别符号由物质名称、流向和主要工艺参数等组成。此外,该标准还根据工业管道内物质的一般性能,规定了八种基本识别色和相应的颜色标准编号及色样,以及工业管道的基本识别色标识方法。

(3)排查要点

首先,熟悉港口危险货物作业附证获批货种。其次,与企业相关人员进行核实,明确各工艺管道输送货种名称。再次,对管道标识进行核对,是否明确、准确标出了货种名称、流向,管道颜色是否符合 GB 7231 的相关规定。

(4)原因分析

①不了解相关规范的详细要求;

②设置时不认真,能省则省;

③部分企业执行上级公司或集团的内部要求,但不符合《工业管道的基本识别色、识别符号和安全标识》(GB 7231—2003)的规定。

(5)专家点睛★

管道标识在设置过程中要以实际使用为宗旨,设置在人员便于看见的地方,使用的材质要与实际生产环境要求相匹配,在高温及水汽较大的场所,应当使用耐高温及防水型材质。管道标识设置要严格遵守标准规范的规定,有些企业执行自己的标准,实际上严格来说这是不符合国家标准要求的。因此,码头区域危险货物管道标识配置不足或不合理,应判定为存在安全隐患。

第 3 章　危险货物仓储区典型隐患

3.1　平面及竖向布置

隐患 22：储存Ⅰ、Ⅱ级毒性液体的储罐未单独设置储罐区

毒物分级的标准主要依据毒物的毒性等级、成人致死量以及毒物对人体的危害程度进行划分。《职业性接触毒物危害程度分级》（GBZ 230—2010）将化学物质的毒性危害程度划分为：极度危害（Ⅰ级）、高度危害（Ⅱ级）、中度危害（Ⅲ级）、轻度危害（Ⅳ级）四个级别，并明确了划分标准。《压力容器中化学介质毒性危害和爆炸危险程度分类标准》（HG/T 20660—2017）的毒性危害程度划分方法与《职业性接触毒物危害程度分级》（GBZ 230—2010）保持一致，并列出了常见化学品的毒性级别。

对于大型储罐企业，可能设有两个甚至更多个储罐区，储罐区之间的距离往往很大。涉及毒性液体的，相邻储罐区两储罐之间的距离不应小于大罐直径的 1.5 倍且不应小于 50m。

储罐区通常指的是一个较大的区域，由一个或多个罐组组成，也可以是由几个罐组集中布置的区域。每个罐组均设有各自的防火堤。相邻罐组之间设有消防通道。储罐区可能包含不同类型的罐组，通常配备有与之相关的操作设施和安全系统。

罐组则是储罐区的基本组成部分，指用一个防火堤围起的一个或多个集中布置的储罐。因此，罐组设有一个完整的防火堤，用以容纳泄漏物和事故污水。另外，罐组内部，例如水溶性可燃液体储罐与非水溶性可燃液体储罐之间，甲 B、乙 A 类液体储罐与其他类可燃液体储罐之间，可能根据操作需要设置隔堤。隔堤高度要低于防火堤，通常为 0.5~0.8m。

(1) 隐患示例

隐患表述:某企业储存Ⅰ、Ⅱ级毒性液体的储罐未单独设置储罐区。

(2) 依据规范

《石油库设计规范》(GB 50074—2014) 第 5.1.6 条规定:储存Ⅰ、Ⅱ级毒性液体的储罐应单独设置储罐区。

(3) 排查要点

①检查企业储罐的港口危险货物作业附证,查看作业货种是否包含Ⅰ、Ⅱ级毒性液体;

②检查设计图纸,查看获批Ⅰ、Ⅱ级毒性液体的储罐是否单独设置储罐区;

③检查现场设置的储存介质标牌。

(4) 原因分析

该要求为《石油库设计规范》(GB 50074—2014)新增内容,部分建成较早的库区可能不满足该要求。

(5) 专家点睛★

储存Ⅰ、Ⅱ级毒性液体的储罐之所以单独设置储罐区,是因为这类液体的毒性较高,对人员和环境的安全构成较大威胁。为了确保安全,需要采取一系列严格的安全措施,包括但不限于事故液收集池、高路堤、无孔围墙等。此外,储存Ⅰ、Ⅱ级毒性液体的储罐单独设置储罐区,保持较大的防火间距,可以减少相邻储罐着火对本储罐的影响。这些措施旨在确保在紧急情况下,能够有效地控制事故的影响范围,保护人员和环境的安全。

隐患 23:行政管理区与装车台之间未设置实体围墙

行政管理区是指油库内不具有装卸、仓储和辅助作业功能的建筑,如办公用房、传达室、汽车库、警卫及消防人员宿舍、倒班宿舍、浴室、食堂等。

(1) 隐患示例

隐患表述:某企业行政管理区与装车台之间只设置移动围栏,未设置实体围墙。隐患照片如图 3.1-1 所示。

图 3.1-1　行政管理区与装车台无实体围墙隐患图

(2) 依据规范

根据《石油库设计规范》(GB 50074—2014)第 5.3.3 条,石油库的围墙设置应符合下列规定:①石油库四周应设高度不低于 2.5m 的实体墙。企业附属石油库与本企业毗邻一侧的围墙高度可不低于 1.8m。②山区或丘陵地带的石油库,若四周均设实体围墙有困难时,可只在漏油可能经过的低洼处设实体围墙,在地势较高处可设置镀锌铁丝网等非实体围墙。③石油库临海、邻水侧的围墙,墙体 1m 高度以上可为铁栅栏围墙。④行政管理区与储罐区、易燃和可燃液体装卸区之间应设围墙;当采用非实体围墙时,围墙下部 0.5m 高度以下范围内应为实体墙。⑤围墙不得采用燃烧材料建造。围墙实体部分的下部不应留有孔洞(集中排水口除外)。

(3) 排查要点

①现场查看行政管理区与储罐区和装卸区之间是否设置围墙;

②针对实体围墙高度和形式进行目视检查,必要时用尺进行测量。

(4) 原因分析

①《石油库设计规范》(GB 50074—2014)新增了部分内容,包括:山区或丘陵地带的石油库,若四周均设实体围墙有困难时,可只在漏油可能经过的低洼处设实体围墙,在地势较高处可设置镀锌铁丝网等非实体围墙。石油库临海、邻水侧的围墙,墙体 1m 高度以上可为铁栅栏围墙。行政管理区与储罐

区、易燃和可燃液体装卸区之间应设围墙;当采用非实体围墙时,围墙下部0.5m高度以下范围内应为实体墙。围墙不得采用燃烧材料建造。围墙实体部分的下部不应留有孔洞(集中排水口除外)。由于部分油库建设时间较早,可能不满足该要求。

②由于库外道路施工改造,道路标高调整可能会影响现有围墙的相对高度,从而使得围墙无法达到标准规定的2.5m高。

(5)专家点睛★

石油库应与一般火种隔绝,禁止无关人员进入库内。建造一定高度的围墙,有利于安全管理,特别是实体围墙对防火更有好处。根据多年的实际经验,石油库的界区围墙高度不低于2.5m比较合理。企业附属石油库与本企业毗邻的一侧的安全问题能够受本企业自身的管理与控制,故允许其毗邻一侧的围墙高度不低于1.8m。建在山区的石油库占地面积较大,地形复杂,四周都要求建实体围墙的难度较大且无必要,故允许"可只在漏油可能流经的低洼处设置实体围墙,在地势较高处可设置镀锌铁丝网等非实体围墙"。但对于装卸区、行政管理区等有条件的部位,最好还是设置实体围墙,以尽可能地有利于安全管理。

在行政管理区与储罐区、易燃和可燃液体装卸区之间设置围墙的目的是防止和减少外来人员进入或通过生产作业区,便于安全管理。规定其围墙下部0.5m高度以下范围内应为实体墙,是为了阻止漏油漫延到行政管理区。要求围墙实体部分的下部不应留有孔洞的目的,是保证石油库围墙作为阻止漏油流出库区的最后一道措施的有效性。

隐患24:沸溢性和非沸溢性液体储罐布置在同一罐组内

沸溢现象是指液体在热波向液体深层运动时,由于热波温度远高于水的沸点,因而热波会使油品中的乳化水气化,大量的蒸汽穿过油层向液面上浮,在向上移动过程中形成油包气的气泡,即油的一部分形成了含有大量蒸汽气泡的泡沫。这样,必然使液体体积膨胀,向外溢出,同时部分未形成泡沫的油品也被下面的蒸汽膨胀力抛出油罐外,使得液面猛烈沸腾起来的现象。

沸溢性液体是指含水并在燃烧时产生热波作用的油品,常见的沸溢性油品有原油、渣油、重油等。当罐内储存的沸溢性液体温度升高时,因热波作用会使罐底水层急速汽化,而会发生沸溢现象。

(1)隐患示例

隐患表述:某企业沸溢性液体储罐(重油)与非沸溢性液体(柴油)储罐布置在同一罐组。

(2)依据规范

《石油库设计规范》(GB 50074—2014)第 6.1.10 条规定,地上储罐应按下列规定成组布置:①甲 B、乙和丙 A 类液体储罐可布置在同一罐组内;丙 B 类液体储罐宜独立设置罐组。②沸溢性液体储罐不应与非沸溢性液体储罐同组布置。③立式储罐不宜与卧式储罐布置在同一个储罐组内。

(3)排查要点

①查看企业储罐的危险货物作业附证,明确各个储罐可以储存货种的火灾危险性;

②结合平面布置图进行检查;

③对现场同罐组内储存介质情况进行询问。

(4)原因分析

部分商储库因经营需求,对于同一储罐可能申请多个货种,在日常经营过程中可能发生将沸溢性油品与非沸溢性油品储存在同一罐组的情况。

(5)专家点睛★

沸溢性液体在受热时会发生沸腾,产生气体蒸汽,导致储罐内压力升高。如果沸溢性液体储罐和非沸溢性液体储罐布置在同一罐组,当沸溢性液体储罐发生泄漏或爆炸时,可能会对非沸溢性液体储罐造成影响,导致更严重的事故发生。将沸溢性液体储罐和非沸溢性液体储罐分开布置,可以有效防止沸溢性液体的泄漏或爆炸对非沸溢性液体储罐造成影响,减轻事故发生的后果,保障生产安全。

地上储罐与卧式储罐的罐底标高、管道标高等各不相同,消防要求也不相同,布置在同一储罐组内对操作管理、设计和施工等均有不便,故地上储罐不宜与卧式储罐布置在同一储罐组内。

隐患 25：储罐基础过低

储罐基础是指为支承储罐及其内部所储存物料的重量，并将这些荷载有效地传递至地基，同时确保储罐在运行过程中保持稳定和安全而专门设计和建造的结构。它是储罐系统不可或缺的一部分，对储罐的整体安全性、稳定性以及防止因不均匀沉降导致的损坏起着至关重要的作用。

（1）隐患示例

隐患表述：某企业储罐基础高度不足 0.2m。隐患照片如图 3.1-2 所示。

图 3.1-2　储罐基础偏低隐患图

（2）依据规范

《石油库设计规范》（GB 50074—2014）第 6.1.14 条规定：地上立式储罐的基础面标高，应高于储罐周围设计地坪 0.5m 及以上。

（3）排查要点

①查看企业罐区设计资料；

②进入储罐区目视检查，必要时用尺测量。

（4）原因分析

由于该要求在旧版《石油库设计规范》（GB 50074—2002）中属于非强制性条款，部分建成时间较早的储罐区可能存在该情况。

（5）专家点睛★

罐体基础部分包括罐底板、圈梁等，用于确保罐体稳固，防止泄漏、沉降等。

储罐直接设置在地面的隐患整改难度极大,有该问题的企业应做好罐基础防腐工作,并加强储罐定期检测工作。有条件时可对储罐进行重建或整体移位。

3.2 储 罐 区

3.2.1 储罐及附件

隐患 26:固定顶储罐在储存高风险物质时未设置氮封保护系统

氮封装置由供氮阀、泄氮阀、呼吸阀组成,是一种无需外界能源的设备,能在无电、无气的场合工作。氮封装置典型组件如图 3.2-1 所示。

(1)隐患示例

隐患表述:某企业储存甲基丙烯酸甲酯的容量为 5000m³ 的固定顶储罐未设置氮封保护系统。

(2)依据规范

图 3.2-1 氮封结构典型组件

《石油库设计规范》(GB 50074—2014)第 6.1.3 条规定:储存沸点不低于 45℃或在 37.8℃时的饱和蒸汽压不大于 88kPa 的甲 B、乙 A 类液体化工品和轻石脑油,应采用外浮顶储罐或内浮顶储罐。有特殊储存需要时,可采用容量小于或等于 10000m³ 的固定顶储罐、低压储罐或容量不大于 100m³ 的卧式储罐,但应采取下列措施之一:①应设置氮气密封保护系统,并应密闭回收处理罐内排出的气体。②应设置氮气密封保护系统,并应控制储存温度低于液体闪点5℃及以下。第 6.1.8 条规定:储存Ⅰ、Ⅱ级毒性的甲 B、乙 A 类液体储罐的单罐容量不应大于 5000m³,且应设置氮封保护系统。

(3)排查要点

①核实物料性质,是否属于易燃易爆物质或Ⅰ、Ⅱ级毒性物质;

②核实储罐类型,是否属于固定顶储罐;

③若储存货物为Ⅰ、Ⅱ级毒性物质,或储存货物为易燃易爆物质且储罐类型为固定顶储罐,则核实储罐上是否设有氮封装置;

④核实氮气来源;

⑤核实氮气管路是否保持开启。

(4)原因分析

①设计时规范无相应要求;

②货种变更后未及时增设氮封装置;

③为了节约运行成本,人为关闭氮气供应。

(5)专家点睛★

氮封装置通过维持储罐的微正压,隔离物料与外界的接触,减少物料的挥发和浪费,保护储罐安全。氮封装置主要由供氮阀、泄氮阀、呼吸阀组成;其中,供氮阀由止回和主阀两部分组成,泄氮阀由内反馈的压开型微压调节阀组成。通过这些组件的精确控制,可以实现氮气压力的恒定。此外,氮封装置还能有效减少物料的小呼吸损耗,尤其是在夏季,通过补充氮气补偿液面上的静压力,从而减少物料的挥发。

隐患27:氮封储罐罐顶无紧急泄压设备

储罐紧急泄压设备是指安装在常压储罐顶部,用于在异常状况下迅速释放内部压力,防止储罐因超压而发生破裂、爆炸等严重事故的安全装置。通常包括紧急泄放阀、紧急泄压人孔以及相关的辅助设施。

(1)隐患示例

隐患表述:某企业氮封储罐罐顶无紧急泄压设备。隐患照片如图3.2-2所示。

(2)依据规范

《石油库设计规范》(GB 50074—2014)第6.4.6条规定,采用氮气密封保护系统的储罐应设事故泄压设备,并应符合下列规定:①事故泄压设备的开启压力应大于呼吸阀的排气压力,并应小于或等于储罐的设计正压力。②事故泄压设备的吸气压力应小于呼吸阀的进气压力,并应大于或等于储罐的设计负压力。③事故泄压设备应满足氮气管道系统和呼吸阀出现故障时保障储罐安全通气的需要。④事故泄压设备可直接通向大气。⑤事故泄压设备宜选用公称直径不小于500mm的呼吸人孔;如储罐设置有备用呼吸阀,事故泄压设备也可选用公称直径不小于500mm的紧急放空人孔盖。

图 3.2-2　氮封储罐顶部无泄压装置隐患图

(3)排查要点

首先明确储罐是否设有氮封装置;若设有氮封装置,则对罐顶进行目视检查。

(4)原因分析

该要求为《石油库设计规范》(GB 50074—2014)新增要求,部分油库建设时期较早,可能存在该问题。部分企业在储罐检修时,由于施工队施工管理不规范,可能导致将普通人孔代替泄压人孔进行安装;若企业施工验收未进行有效检查,也可能造成该隐患。

(5)专家点睛★

紧急泄放阀是指安装在储罐顶上的安全应急通气装置,是能够自动开启、关闭的阀门。设计用于在储罐内压力达到预设安全阈值时迅速开启,排出气体或液体以降低压力。紧急泄放阀一般采用聚四氟乙烯空气垫来形成密封,这种密封的弊病在于密封不严,容易造成物料的蒸发与损失。目前也有部分泄放阀采用软式膜片密封,且托板设计了密封槽,相对于聚四氟乙烯密封,这种软式密封不会造成泄漏等问题。

紧急泄压人孔是一种用于排放压力过高的气体或液体的装置。其工作原理是通过调整人孔盖板的开合程度来控制泄压口的大小,从而达到安全排放压力的目的。紧急泄压人孔安装在储罐顶部,通常与呼吸阀、阻火器等设备配合使用。

当容器内部压力超过预设值时,泄压阀会打开,将气体或液体排放到紧急泄压人孔中。此时,人孔盖板会自动打开,从而形成一个通道,使气体或液体能够顺利地排放出来。

紧急泄压人孔通常应用于储罐、管道、压力容器等场合,以防止因压力过高而导致安全事故的发生。在使用过程中,需要定期维护和检查,以确保其正常工作和安全性。

在阻火呼吸阀正常工作情况下,紧急泄压人孔基本保持密封状态,储罐处于正常压力。当呼吸阀正常工作满足不了因意外原因造成储罐急剧超压时,紧急泄压人孔的泄压盖自动顶开,进行紧急泄压,使罐内压力保持正常。

隐患28:储罐通气管未设置阻火器

阻火器通过其内部的阻火网或过滤器,能够阻止火焰或火花穿透通气孔进入储罐内部,起到阻隔火源的作用。

(1)隐患示例

隐患表述:某企业柴油储罐为固定顶储罐,罐顶中央通气管未设置阻火器。隐患照片如图3.2-3所示。

图3.2-3　中央通气管未设阻火器隐患图

(2)依据规范

《石油库设计规范》(GB 50074—2014)第6.4.7条规定,下列储罐的通气管上必须装设阻火器:①储存甲B类、乙类、丙A类液体的固定顶储罐和地上卧式储罐。②储存甲B类和乙类液体的覆土卧式油罐。③储存甲B类、乙类、丙A类液体并采用氮气密封保护系统的内浮顶储罐。

(3)排查要点

①询问储罐类型和储存货种;

②对储存甲B类、乙类、丙A类液体固定顶储罐和地上卧式储罐罐顶,以及储存甲B类和乙类液体的覆土卧式油罐通气管进行目视检查,当不能目视判断是否装设有阻火器时,要进一步对储罐设计材料及检测报告进行查阅。

(4)原因分析

①设计时未考虑;

②部分企业在储罐检修时,因人员疏忽可能导致未将阻火器复位,再叠加企业施工验收未全部进行检查,则会造成该隐患。

(5)专家点睛★

罐顶阻火器通常包含一个或多个金属或陶瓷材质的阻火元件,这些元件组成一个具有许多细小通道的结构,如图3.2-4所示。当储罐内的气体通过阻火器排放时,正常情况下阻火器处于开放状态,允许气体自由流动。若外部火焰(如火灾、爆炸冲击波携带的火焰)试图通过阻火器进入储罐,火焰在通过阻火元件的细小通道时,由于通道截面积的急剧减小,火焰传播速度降低,热量快速散失,温度不足以维持火焰继续传播,从而达到阻止火焰进入储罐的目的。

图3.2-4 阻火器

阻火器主要分为以下几种类型:

①金属网阻火器。由多层不锈钢或其他耐高温金属丝网组成,通过网眼的大小和层数控制火焰的传播。

②陶瓷阻火器。内部填充有众多陶瓷颗粒或蜂窝状陶瓷片,形成大量的

微小通道。陶瓷材料具有良好的耐热性和隔热性,能有效阻止火焰通过。

③波纹板阻火器。内部多层波纹状金属板交错排列,形成曲折的火焰通道。火焰在通过时因碰撞和冷却效应而熄灭。

④砾石阻火器。内部填充有一定粒径的砾石或其他耐火材料,形成复杂的阻火通道。火焰在穿过砾石层时能量逐渐耗散,无法维持燃烧。

设置阻火器可以有效防止储罐内部发生火灾或爆炸,保障储罐及周围环境的安全,减少火灾事故发生的概率。

如果储罐罐顶通气孔没有设置阻火器,外部火源可能会通过通气孔进入储罐内部,引发储罐内部的气体爆炸,造成严重的火灾事故,危及人员生命安全,造成环境污染和财产损失。因此,对于火灾危险性较大货种的固定顶储罐,没有设置阻火器的储罐罐顶通气孔则存在严重的安全隐患。

隐患29:储罐仪表穿线管两端未与储罐进行电气连接

金属穿线管也叫金属导线管,是一种用于电缆线路管路的传输设备。其主要功能是对电缆线路进行保护,防止电缆被损坏。同时,金属穿线管还起到隔离、固定的作用。储罐仪表穿线管是指用于储罐安装仪表设备时,为保护线缆而设置的专用金属管道。

(1)隐患示例

隐患表述:某企业储罐仪表穿线管两端未与储罐进行电气连接。隐患照片如图3.2-5所示。

图3.2-5 储罐仪表穿线管未与储罐电气连接隐患图

(2)依据规范

《石油库设计规范》(GB 50074—2014)第14.2.5条规定:装于地上钢储罐上的仪表及控制系统的配线电缆应采用屏蔽电缆,并应穿镀锌钢管保护管,保护管两端应与罐体做电气连接。

(3)排查要点

对储罐敷设的穿线管是否与储罐进行电气连接进行目视检查。

（4）原因分析

①设计时未提出要求；

②施工过程中偷工减料或遗漏；

③企业人员对标准规范掌握不准确；

④对穿线管接地的重要性认识不够。

（5）专家点睛★

储罐金属保护管与罐体进行电气连接的作用是为了使钢管对电缆产生电磁封锁，减少雷电波沿配线电缆传输到控制室，将信息系统装置击坏。

穿线管应设置必要的防护措施，如防爆接头、电气接地、防水密封等，以防止电气火花、雷击等引发火灾、爆炸事故或损坏仪表设备。对于易燃易爆液体储罐，穿线管应采用防爆型接头、防爆型电缆。

穿线管应牢固固定在储罐或支架上，避免因振动、温差变化等原因导致管道变形、断裂。

此外，企业应对穿线管进行定期检查，包括外观检查、防爆性能测试等，及时发现并排除隐患。对老化、损坏的穿线管及附件应及时更换，确保其运行状态良好。

隐患30：远传仪表金属外壳未与罐体做电气连接

储罐仪表金属外壳与罐体之间进行电气连接，主要是为了实现接地或等电位连接，确保仪表设备的安全运行以及人员的生命安全。

（1）隐患示例

隐患表述：某企业储罐远传仪表金属外壳未与罐体做电气连接。隐患照片如图3.2-6所示。

（2）依据规范

《石油库设计规范》（GB 50074—2014）第14.2.7条规定：储罐上安装的信号远传仪表，其金属外壳应与储罐体做电气连接。

图3.2-6 仪表金属外壳未与罐体电气连接隐患图

（3）排查要点

对储罐金属仪表外壳与储罐的电气连接情况进行目视检查。

（4）原因分析

①设计时未提出要求；

②施工过程中偷工减料或遗漏；

③企业人员对标准规范掌握不准确；

④对信号远传仪表外壳接地的重要性认识不够。

（5）专家点睛★

对远传仪表进行电气连接是为了使信息系统仪表与储罐罐体做等电位连接，防止信息仪表被雷电过电压损坏。

电气连接方式主要分为直接连接和间接连接两种。直接连接使用接地扁钢、接地线等将仪表金属外壳与罐体直接焊接或螺栓连接，连接点选择在罐体与接地极的连接处，确保接地电阻满足规范要求。间接连接是通过接地母线、接地网格等接地系统，将仪表金属外壳与罐体盘梯等结构间接连接，这种方式适用于罐区规模较大、仪表设备分布较广的情况，有利于统一管理和维护。

电气连接安装后，连接点应进行防腐处理，如涂抹防锈漆等，防止连接部位因腐蚀导致接地电阻增大。

隐患 31：储罐罐顶取样口处缺少人体静电消除装置

储罐罐顶取样口处设置人体静电消除装置是为了在取样操作过程中有效消除人体静电，防止因静电火花引燃储罐内易燃易爆的液体蒸汽，确保操作人员的人身安全和储罐区的消防安全。

（1）隐患示例

隐患表述：某企业内浮顶储罐罐顶取样口处未设置人体静电消除装置。隐患照片如图 3.2-7 所示。

（2）依据规范

《立式圆筒形钢制焊接储罐安全技术规范》（AQ 3053—2015）第 8.2.4 条规定：可燃液体储罐罐顶平台或浮顶上取样口两侧 1.5m 之外应各设一组消

除人体静电设施,取样绳索、检尺等工具应与设施连接,该设施应与罐体做电气连接并接地。

图 3.2-7　取样口缺少人体静电消除装置隐患图

(3)排查要点

对罐顶取样孔人体静电消除装置设置情况进行目视检查。

(4)原因分析

部分企业由于对《立式圆筒形钢制焊接储罐安全技术规范》(AQ 3053—2015)的相关条款掌握不准确,导致未落实该规范要求。

(5)专家点睛★

取样时,取样口周边会散发油气,可能形成爆炸危险区域。故应在储罐罐顶取样口处设置人体静电消除装置。

隐患32:防爆区域使用非防爆工具

防爆工具的材质是铜合金,由于铜的良好导热性能及几乎不含碳的特质,会使工具和物体摩擦或撞击时短时间内产生的热量被吸收及传导;此外,铜的质地本身相对较软,摩擦和撞击时具有很好的退让性。防爆工具中,最常见的为铜制防爆扳手。

(1) 隐患示例

隐患表述：某企业罐区、泵棚防爆区域使用铁质扳手。隐患照片如图3.2-8所示。

图3.2-8　爆炸危险场所使用铁质扳手隐患图

(2) 依据规范

《爆炸危险场所安全规定》第十九条规定：爆炸危险场所的生产、储存、装卸过程必须根据生产工艺的要求设置相应的安全装置。

(3) 排查要点

①查看港口危险货物作业附证获批货种，确认是否作业易燃易爆物质；
②查看企业防爆区域图；
③查看防爆区域内是否有非防爆工具。

(4) 原因分析

①部分企业出于成本等因素考虑，未在防爆区域内杜绝铁质扳手等非防爆工具的使用；
②铜质扳手硬度较软，不如铁质扳手操作得力。

(5) 专家点睛★

火灾爆炸三要素包括易燃易爆物质、助燃物（空气中的氧气）、点火源。而工器具产生火花就属于点火源的一种方式。使用扳手等工器具紧固工艺管道法兰螺栓时，意味着法兰未拧紧，密封效果可能不理想，此时极可能有易燃易爆蒸汽挥发出来,这就具备了火灾爆炸三要素中的易燃易爆物质;空气中的氧气时刻存在,这就具备了助燃物;此时,防止火灾爆炸的唯一途径就是控制点火源。而防爆工器具是经过特殊设计,能够有效防止摩擦、碰撞产生火花或高温表面,可以避免引发爆炸事故,保护作业人员的生命安全。因此,在爆炸危险环境使用的工器具必须为防爆型。

隐患33:储罐进出口管道未设置柔性连接

储罐柔性连接是指在可燃液体地上储罐的进出口管道与储罐主体之间,采用具有可弯曲变形的连接方式,以应对储罐基础沉降、振动、温差变化等因素导致的应力变化,确保管道系统的安全稳定运行。储罐柔性连接通常采用柔性管。

柔性管连接示意图如图3.2-9所示。

(1)隐患示例

隐患表述:某企业储罐进出口管道未设置柔性连接。隐患照片如图3.2-10所示。

图3.2-9 柔性管连接示意图

图3.2-10 储罐进出口管道未设柔性连接隐患图

(2)依据规范

《石油库设计规范》(GB 50074—2014)第9.1.10条规定:与储罐等设备连接的管道,应使其管系具有足够的柔性,并应满足设备管口的允许受力要求。

（3）排查要点

目视检查储罐相连管道是否设置柔性连接。

（4）原因分析

由于旧版《石油库设计规范》（GB 50074—2002）未明确该要求，部分建成时间较早的储罐区在设计时可能未设置柔性连接，且投产后增设柔性连接一般需要局部停产，出于经济效益考虑，部分企业可能未及时进行改造。

（5）专家点睛 ★

储罐和管道可能会因地质、地基等多种因素发生不均匀沉降。如果采用刚性连接，则储罐和管道会由于不均匀沉降、热胀冷缩等原因，使管道和储罐形成极高的应力，甚至造成设备损坏进而发生泄漏、火灾爆炸事故。柔性管道具有一定柔性吸收不均匀沉降和热胀冷缩变形，储罐进出口管道上设置金属软管的主要目的是避免管道和储罐的应力集中，进而保护管道和设备免受损坏，提高系统的安全性和可靠性。

对于大型储罐，由于直径大，储罐整体易发生不均匀沉降，若该储罐对于软土地段、填土地段更易发生沉降甚至不均匀沉降，此时储罐进出口管道必须采用柔性连接，若存在隐患应立即整改。对于山区地段，由于地质条件相对较好，不均匀沉降情况发生的概率相对较低，可以暂缓进行整改。

管道与储罐等设备采用柔性连接，不仅对预防地震和不均匀沉降等所带来的不安全问题有好处，对动力设备还有减少振动和降低噪声的作用。对于储罐来说，在地震作用下罐壁发生翘离、倾斜，基础产生不均匀沉降，使储罐和配管连接处遭到破坏是常见的震害。此外，由于基础处理不当，有一些储罐在投入使用后其基础仍会发生较大幅度的沉降，致使管道和罐壁遭到破坏。为防止上述破坏情况的发生，采取增加储罐配管的柔性（如设金属软管）来消除相对位移的影响是必要的，而且也有利于罐前阀门的安装、拆卸和消除局部管道的热应力。

常用储罐柔性连接方式如下：

①金属软管。由薄壁金属管体和内部的金属波纹管或编织网套组成，能承受较大的压力和温度变化，同时提供良好的轴向、横向和角向位移补偿能力。

②波纹管补偿器。由不锈钢或其他耐腐蚀材料制成的波纹状管体，通过

波纹管的伸缩来吸收管道系统的热胀冷缩、基础沉降等引起的位移。

③挠性接管。由金属管体和内嵌的挠性元件(如波纹管、编织网套等)组成,既保留了金属管的承压能力,又具有良好的挠性补偿功能。

在整改过程中应具体问题具体分析,对于建成时间较早、位于地质条件较为稳定地区的储罐区可逐步进行整改。若建成时间较晚,储罐及周边沉降较为明显的储罐区应立即进行整改,在整改期间加强环境监测,防止事故发生。

隐患34:罐顶人行位置无护栏

储罐顶部中央通常设有呼吸阀。为了便于人员安全通向该呼吸阀,罐顶通常都会设有踏步,并设有护栏,如图3.2-11所示。

(1)隐患示例

隐患表述:某企业储罐区罐顶无护栏。隐患照片如图3.2-12所示。

图3.2-11 罐顶踏步、护栏

图3.2-12 罐顶无护栏隐患图

(2)依据规范

《石油库设计规范》(GB 50074—2014)第6.4.2条规定:储罐顶上经常走人的地方,应设防滑踏步和护栏。

(3)排查要点

①查看企业罐区设计资料;

②到罐顶进行目视检查。

(4)原因分析

由于该要求在旧版《石油库设计规范》(GB 50074—2002)中属于非强制

性条款,部分建成时间较早的储罐区可能存在该隐患。

(5)专家点睛★

储罐罐顶设置护栏的目的是通过设置护栏为进入储罐罐顶区域人员提供保护措施,从而减少意外发生。如果没有设置护栏,由于储罐顶部存在一定弧度,甚至倾斜度较大,人员容易发生摔倒、滚落等意外事故,造成严重伤害甚至生命危险。因此,储罐罐顶未设置护栏会给工作人员带来严重的危害和后果。

3.2.2 控制系统

隐患 35:储罐未安装液位连续检测系统

储罐液位连续检测系统是一种用于实时、准确测量储罐内液体高度的自动化设备组合,目的是为储罐管理和操作提供关键的液位数据,确保储罐的安全运行、库存管理的有效进行以及生产过程的平稳运行。

液位连续检测系统示意图如图 3.2-13 所示。

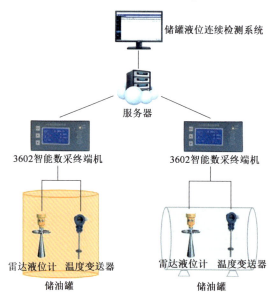

图 3.2-13　液位连续检测系统示意图

(1) 隐患示例

隐患表述：某企业储罐未安装液位连续检测系统。

(2) 依据规范

《石油库设计规范》(GB 50074—2014) 第 15.1.1 条规定，容量大于 100m³ 的储罐应设液位测量远传仪表，并应符合下列规定：①应在自动控制系统中设高、低液位报警。②储罐低液位报警的设定高度应满足泵不发生汽蚀的要求，外浮顶储罐和内浮顶储罐的低液位报警设定高度(距罐底板)宜高于浮顶落底高度 0.2m 及以上。

(3) 排查要点

①现场询问液位连续检测系统设置情况；
②现场查看企业中控室；
③查看企业安全评价报告。

(4) 原因分析

由于旧版《石油库设计规范》(GB 50074—2002) 中未强制要求安装液位测量远传仪表，部分企业出于成本考虑，未进行升级改造，可能导致此隐患。

对于外商储业务企业，可能由于需要频繁清罐的原因而忽视低液位报警功能，也可能导致此类隐患。

(5) 专家点睛 ★

储罐液位是储罐安全运行的最重要参数，包括高液位报警和低液位报警。为了防止储罐内的液体量过多，通过设置高液位阈值，当液位达到或超过设定值时，会自动触发警报，提醒操作员及时采取措施，避免液体溢出。对于危险性较大的储罐，还应设置高高液位联锁。高液位报警信号应接入控制室，便于及时掌握液位信息。

液位过低，可能造成泵的汽蚀。对于内浮顶储罐，液位过低，会导致浮盘落底，通气孔打开，物料蒸汽充满罐内气相空间，对于易燃液体来说，就会形成爆炸性环境，危险性大大增加。浮盘落底是很危险的操作，根据规定，下列情形均属于重大事故隐患：①内浮顶储罐确需浮盘落底时，未制定专项操作规程的；②未开展安全风险辨识，或者未采取风险管控措施的；③未办理作业审批手续,或者未对全过程进行监控的。

因此,储罐必须安装液位连续检测系统,并将报警信号发送至控制室。

隐患 36:容量大于 100m³ 的储罐未设置高、低液位报警

液位报警是指通过机械式或磁感应的方法来进行液位的报警。某企业液位报警显示终端如图 3.2-14 所示。

图 3.2-14　液位报警显示终端

(1)隐患示例

隐患表述:某容量大于 100m³ 的储罐未设置高、低液位报警。

(2)依据规范

《石油库设计规范》(GB 50074—2014)第 15.1.1 条规定:容量大于 100m³ 的储罐应设液位测量远传仪表,并应在自动控制系统中设高、低液位报警。

(3)排查要点

①现场是否设有液位测量、远传仪表器件和接线;

②从控制系统中查看是否设置高、低液位报警参数;

③调整液位报警值为低于当前储罐液位的值,核实报警功能是否有效。

(4)原因分析

①企业私自拆除或因其他原因损坏后未修复;

②在安装液位测量远传仪表时,未设置高、低液位报警值或设定值不符合

要求。

(5) 专家点睛 ★

石化储罐中储存的物料通常具有较高的潜在风险,因此必须进行严格把控。储罐设置液位报警系统是为了保障安全生产及经济安全。作为辅助装置,它能够帮助操作人员维持系统平稳运行,减轻体力劳动,提高装置自动化水平,减少因为人为因素造成跑料、抽空等意外事故的发生。

隐患 37:高风险储罐未设高高液位报警及联锁

液位报警是指通过机械式或磁感应的方法来进行液位的报警;液位联锁是一种安全控制装置,用于监测和控制液体容器或系统中液位的变化。当液位达到设定值时,液位联锁可以触发报警信号或采取自动断电或关闭阀门等措施,以防止液位过低引发的危险或损坏。

(1) 隐患示例

隐患表述:某年周转次数大于 6 次,且容量大于或等于 10000m^3 的甲 B、乙类液体储罐未设高高液位报警及联锁。

(2) 依据规范

《石油库设计规范》(GB 50074—2014)第 15.1.2 条规定,下列储罐应设高高液位报警及联锁,高高液位报警应能同时联锁关闭储罐进口管道控制阀:
①年周转次数大于 6 次,且容量大于或等于 10000m^3 的甲 B、乙类液体储罐;
②年周转次数小于或等于 6 次,且容量大于 20000m^3 的甲 B、乙类液体储罐;
③储存Ⅰ、Ⅱ级毒性液体的储罐。

(3) 排查要点

①首先确定储存物料的性质;
②检查液位测量远传仪表中是否有高高液位报警及联锁报警功能;
③在控制室中,检查液位测量远传仪表中高高液位报警及联锁中是否设置有相应的数值;
④调整报警液位设定值,使得当前实际液位处于报警范围内,核实液位测量远传报警系统是否有效报警。

(4)原因分析

①设计时规范无相应要求;

②在安装液位测量远传仪表时,未设置高高液位报警值或设置的值不符合要求;

③企业私自拆除或因其他原因损坏后未修复;

④企业对标准要求不了解。

(5)专家点睛★

储罐作为工业生产中重要的储存设备,其安全运行至关重要。设置储罐的高高液位报警及联锁系统,是为了预防和避免因液位过高导致的溢出、泄漏乃至火灾、爆炸等严重事故。联锁系统能够在液位达到预设警戒高度时,自动触发一系列安全措施,如关闭进料阀门、启动警报等,从而保障人员和设备的安全。

3.2.3 防火堤及隔堤

隐患38:防火堤排水沟未设置盖板

防火堤内排水沟通常应设置盖板,防止人员踩入受伤。排水沟盖板如图3.2-15所示。

(1)隐患示例

隐患表述:某企业防火堤内排水沟未设置盖板。隐患照片如图3.2-16所示。

图3.2-15　排水沟盖板　　　　图3.2-16　排水沟未设盖板隐患图

（2）依据规范

《储罐区防火堤设计规范》（GB 50351—2014）第 3.1.6 条规定，防火堤、防护墙内场地设置排水明沟时，排水明沟宜设置格栅盖板，格栅盖板的材质应具有防火、防腐性能。

（3）排查要点

目视检查，对进出防火堤处及周边有消防器材和可操作阀门等人员经常经过地方的排水沟进行重点排查。

对于已设置盖板的，对盖板材质进行检查，查看其是否具有防火、防腐蚀性能。

（4）原因分析

该规范条款为非强制条款，企业出于成本考虑选择不设置排水沟盖板。

（5）专家点睛★

储罐区防火堤内设置排水沟是为了防止火灾发生时，能够迅速排除堤内积水，减少火势蔓延的可能性。同时，排水沟还可以帮助清理储罐区内的污水和杂物，保持环境清洁。但人员在排水沟周边活动时可能发生跌倒摔伤，因此有必要在排水沟上设置盖板。

隐患39：储罐防火堤厚度不足

防火堤是用于常压易燃和可燃液体储罐组、常压条件下通过低温使气态变成液态的储罐组或其他液态危险品储罐组发生泄漏事故时，防止液体外流和火灾蔓延的构筑物。

（1）隐患示例

隐患表述：某企业防火堤厚度只有 250mm，不满足耐火极限要求。

（2）依据规范

《储罐区防火堤设计规范》（GB 50351—2014）第 4.2.8 条规定：砖、砌块防火堤的堤身厚度应根据强度及稳定性计算确定，且不应小于 300mm。

（3）排查要点

①查看罐区设计文件；

②针对防火堤厚度进行目视检查,必要时进行测量。

(4)原因分析

①该隐患常见于建成时间较早的罐区,由于《储罐区防火堤设计规范》的新版本 GB 50351—2014 较旧版本 GB 50351—2005 提高了厚度要求,部分建成较早的储罐区可能不满足现行规范的要求;

②相关人员专业知识欠缺,不了解防火堤厚度和耐火极限要求;

③企业对防火堤厚度的重要性认识不足。

(5)专家点睛★

防火堤的主要功能是防止火灾时火势蔓延,阻隔火焰和高温对周边区域的影响。防火堤厚度不足可能导致下列后果:一是可能导致墙体耐火性能下降,在高温环境下,墙体更容易因热应力而变形、破裂,严重时可能倒塌,不能有效阻隔火势,使得火灾迅速扩散,增加火灾控制难度。二是防火堤内会容纳泄漏液体和事故水,由于液体具备一定高度后会产生一定的静压力,防火堤越高,液位越高,则防火堤下部的承受的静压力越大,再叠加火灾热辐射,会降低防火堤的承压性能,可能导致防火堤出现裂纹甚至溃坝。因此,防火堤一定要具备足够的厚度,且应经过强度和稳定性计算。

隐患40:防火堤容积小于最大储罐容积

防火堤容积是指防火堤内能够容纳的液体体积,它是防火堤设计的关键参数之一,旨在确保在储罐发生泄漏或事故时,能够有效收集并容纳储罐内流出的液体,防止液体蔓延到储罐区之外,造成环境污染、火灾扩大或爆炸风险增加。

(1)隐患示例

隐患表述:某企业防火堤容积小于最大储罐容积。

(2)依据规范

《石油库设计规范》(GB 50074—2014)第 6.5.1 条规定:地上储罐组应设防火堤。防火堤内的有效容量,不应小于罐组内一个最大储罐的容量。

(3)排查要点

①查看企业设计资料;

②对防火堤尺寸、储罐基础等进行测量,计算防护堤内的有效容量;
③目视检查防火堤是否有破损、穿孔等情况。

(4)原因分析

①该隐患常见于老旧罐区,由于旧版《石油库设计规范》(GB 50074—2002)中要求防火堤容积为最大储罐容积的一半,部分建成时间较早的储罐区难以进行整改;

②部分企业对防火堤重要性理解不足,出于便于出入等原因私自破坏防火堤;

③管道穿越防火堤处未进行封堵,导致防火堤失去效果;

④对防火堤缺乏有效的维护保养,导致防火堤出现破损、穿透性裂纹等。

(5)专家点睛 ★

在储罐接收物料时,若发生冒罐或储罐因爆炸而破裂的情况,储罐内的液体可能会溢出。若未设置防火堤,液体将会无限制地扩散,一旦发生火灾,甚至可能会引发广泛的流淌火情。为避免此类事故,特规定地上储罐应设防火堤。

如果防火堤内的有效容量小于一个最大储罐的容量,一旦发生火灾,可能无法有效控制火势,从而导致火灾蔓延,造成更大的损失。火灾可能引发爆炸、泄漏等严重后果,危及周围环境和人员的安全。因此,防火堤内的有效容量不应小于罐组内一个最大储罐的容量,以确保火灾安全控制。

设计时需考虑储罐可能出现的不同泄漏模式,如顶部泄漏、底部泄漏、裂缝泄漏等,以及相应的泄漏速率,确保防火堤在最不利的泄漏情况下仍能有效收集液体。

隐患41:储罐罐壁至防火堤内堤脚线的距离不足

罐壁至防火堤内堤脚线的距离是指从储罐的罐壁边缘到防火堤内侧基脚线之间的水平距离。这个距离对于储罐区的安全设计至关重要,因为它直接影响到储罐发生泄漏或火灾时,防火堤能否有效收集并容纳泄漏液体,能否防止液体喷射到防火堤之外。

(1)隐患示例

隐患表述:某企业地上立式储罐的罐壁至防火堤内堤脚线的距离,小于罐壁高度的一半。隐患照片如图 3.2-17 所示。

图 3.2-17 储罐关闭与防火堤距离偏小隐患图

(2)依据规范

《石油库设计规范》(GB 50074—2014)第 6.5.2 条规定:地上立式储罐的罐壁至防火堤内堤脚线的距离,不应小于罐壁高度的一半。

(3)排查要点

①对设计文件进行检查;

②查看安全评价报告;

③对现场储罐与防火堤内堤脚线距离进行测量。

(4)原因分析

①储罐建设时,未严格按图施工;

②企业进行技术改造时,未注意该要求。

(5)专家点睛★

规范的此条规定主要考虑储罐爆炸着火后,油品因罐体破裂而大量外流时,能防止液体流散到防火堤外,并能避免液体静压力冲击防火堤。

当储罐发生泄漏或溢出时,泄漏物品需要有足够的空间在防火堤内扩散和积聚。如果距离过小,一旦发生泄漏,液体会迅速堆积在罐壁附近,增加发生火灾或爆炸的风险。

对于高架立式罐(罐环梁顶面到场内地面距离大于 1.5m 的立式储罐),还需要根据具体情况和规范要求调整罐壁至防火堤内堤脚线的距离。

隐患 42:防火堤防火涂料剥落

防火涂料是一种专门设计用于提高材料表面耐火性能的涂料,其主要作用是在遭遇火灾时减缓火焰蔓延速度、降低热量传递、延滞火势发展,在一定时间内阻止燃烧,从而为人员疏散、火灾扑救及保护结构完整性赢得时间。

(1) 隐患示例

隐患表述：某企业储罐防火堤破损，局部位置防火涂料剥落。隐患照片如图 3.2-18 所示。

(2) 依据规范

《石油库设计规范》(GB 50074—2014) 第 6.5.5 条规定：防火堤应能承受在计算高度范围内所容纳液体的静压力且不应泄漏；防火堤的耐火极限不应小于 5.5h。

(3) 排查要点

目视检查，查看防火涂料是否有剥落。

图 3.2-18　防火堤防火涂料脱落隐患图

(4) 原因分析

①部分企业可能出于防台风、防汛等方面考虑，临时拆除部分防火堤用于排涝，排涝工作完成后未及时修复，导致防火堤失效；

②管道维修施工，在穿过防火堤后未及时恢复防火层；

③部分防火堤年久失修，缺少必要的维护保养而出现裂缝，也可能导致防火堤失效。

(5) 专家点睛 ★

防火堤涂刷的防火涂料主要为无机防火涂料，以硅酸盐、磷酸盐等无机材料为主要成膜物质，具有耐高温、耐火、耐腐蚀等特性，适用于高温环境或需要长期防火保护的场合。

防火涂料在使用过程中应定期进行检查，确认涂层完整无损，如有破损应及时修补。在长时间暴露环境下，应进行必要的维护保养，以确保其持续有效的防火性能。

隐患 43：管道穿越防火堤处未进行防火封堵

管道穿越防火堤时需要确保严密，以防止事故状态下易燃和可燃液体到

图3.2-19 防火堤穿墙管封堵示意图

处散流。管道封堵示意图如图3.2-19所示。

(1) 隐患示例

隐患表述:某企业管道穿越防火堤处防火封堵开裂。

(2) 依据规范

《石油库设计规范》(GB 50074—2014)第6.5.6条规定:管道穿越防火堤处应采用不燃烧材料严密填实。在雨水沟(管)穿越防火堤处,应采取排水控制措施。

(3) 排查要点

①查看罐区设计文件;

②对管道穿越防火堤处进行目视检查。

(4) 原因分析

①部分企业在管道穿越处施工时,施工质量不良,可能有未封堵或封堵不严的情况;

②封堵材料长时间未更换,可能有开裂情况,部分企业未及时对管道穿越防火堤处封堵情况进行检查导致封堵处不严。

(5) 专家点睛★

防火封堵材料用于各种贯穿和未保护开口,以限制热、火、气体和烟的蔓延传播。防火封堵材料按组分和性能特点可分为有机防火堵料、无机防火堵料和阻火包,按耐火极限可分为一级(≥3h)、二级(≥2h)、三级(≥1h)。

①有机防火堵料(俗称"防火泥"),以合成树脂作黏结剂配以防火剂、填料等经碾压而成的材料,产品分为膨胀型(5~10倍)和非膨胀型两种。具有可塑性和柔韧性,长久不固化,可以切割、搓揉,封堵各种形状的孔洞,施工、维修比较方便。特别是对于需要保持散热性能的电缆等贯穿物,膨胀型堵料是更理想的选择,它可以确保在防火封堵的同时,不影响散热效率。

当火灾发生时,防火堵料会膨胀,将缝隙或较小的孔口封堵严密,有效地防止火灾蔓延和烟气传播。有些耐火堵料能够承受高温长达3h,这类堵料特别适用于管道或电线、电缆贯穿孔洞的防火封堵。在实际操作中,通常情况下与无机防火堵料、阻火包配合使用。使用时将该堵料揉匀后均匀地嵌满孔洞。

②无机防火堵料,也称速固防火堵料,是以快干水泥为基料,配以防火剂、耐火材料等经研磨、混合均匀而成。该防火堵料无毒,无气味,有较好的耐水、耐油性能,施工方法简单,耐火时间也可达 3h 以上。这类堵料对于管道或电线、电缆贯穿孔洞,尤其是较大的孔洞、楼层间孔洞的封堵效果更好。它不仅满足了必要的耐火标准,还具备出色的机械强度。在封堵时,管道或电线、电缆表皮需要一层有机堵料配合使用,以便贯穿物的检修和更换。对较大的孔洞进行封堵时,可采用适量的钢筋以增加其强度,封堵厚度根据需要确定,一般不少于 15cm。

③阻火包,形状如枕头,也叫阻火枕,是用不燃或阻燃性布料把耐火材料约束成各种规格的包状体,在施工时可堆砌成各种形态的墙体。这种设计特别适用于封堵大型孔洞,它在高温下膨胀和凝固,形成一种隔热、隔烟的密封层,其耐火时间可超过 3h,有效发挥隔热和阻止火势蔓延的作用。阻火包主要应用于电缆隧道和竖井的防火隔墙和隔离层,以及需要贯穿大孔洞的封堵。其制作或撤换也十分方便,施工时应注意,管道或电线电缆表皮处,需要和有机防火堵料配合使用。

隐患 44:罐区内隔堤高度不合规

罐区内隔堤是指在储罐区内部设置的用于分隔不同危险等级、不同性质物料的储存区域,或者防止某一区域内泄漏液体扩散至其他区域的物理屏障。隔堤高度不足,则不足以有效分隔泄漏液体;隔堤高度过高(如与防火堤等高),则可能使得泄漏液体直接流出防火堤,从而使得相邻隔堤空间失去容纳作用。

(1)隐患示例

隐患表述:某企业隔堤高度与防火堤高度相同。隐患照片如图 3.2-20 所示。

图 3.2-20　防火堤与隔堤等高隐患图

(2)依据规范

《石油库设计规范》(GB 50074—2014)第6.5.3条规定:防火堤高于堤内设计地坪不应小于1.0m。第6.5.8条规定:立式储罐罐组内隔堤高度宜为0.5~0.8m。

(3)排查要点

目视检查隔堤设置情况,必要时对隔堤高度进行检查。

(4)原因分析

部分企业油库内隔堤为新建隔堤,由于对标准规范掌握不准确,可能导致隔堤高度不足或过高。

(5)专家点睛★

储罐在使用过程中冒罐、漏油等事故时有发生。为了把储罐事故控制在最小范围内,把一定数量的储罐相互之间用隔堤分开是非常有必要的。为了防止泄漏的水溶性液体相互接触引起化学反应,或腐蚀性液体流入其他储罐附近而发生意外事故,也要求设置隔堤。沸溢性油品储罐在着火时容易溢出泡沫状的油品,为了限制其影响范围,不管储罐容量大小,均要规定其两个罐一隔。因此,为了有效防止液体扩散,隔堤高度不能太低。

但是,如果隔堤与防火堤高度相同,则泄漏的液体可能不能流入相邻隔堤内而直接流出防火堤,从而使得防火堤内容量不能满足最大罐容的要求,也会使得事故后果扩大。

因此,隔堤高度应在0.5~0.8m之间。企业应对隔堤进行定期全面检查,包括外观状况、裂缝、渗漏迹象、排水设施畅通性等,发现问题及时修复。

隐患45:水封井水封高度不足

水封井是一种在特定场所设置的,利用静止水层来阻隔可燃气体或有毒有害气体逸出、扩散到大气中,进而保护环境和人员安全的设施。

水封井示意图如图3.2-21所示。

(1)隐患示例

隐患表述:某企业罐组外水封井水封高度不足。隐患照片如图3.2-22所示。

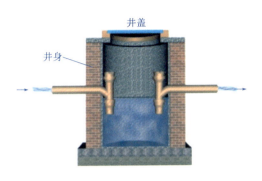
图3.2-21 水封井示意图

图3.2-22 水封井高度不足隐患图

（2）依据规范

《石油库设计规范》（GB 50074—2014）第13.2.3条规定：含油污水管道应在储罐组防火堤处、其他建（构）筑物的排水管口处、支管与干管连接处、干管每隔300m处设置水封井。

（3）排查要点

①查看企业罐区设计文件，查看水封井分布；
②将水封井井盖打开，目视检查水封高度。

（4）原因分析

部分企业因管理不善，未定期检查水封井，当天气长期干旱时可能导致水封高度持续下降，使水封效果降低乃至失效。

（5）专家点睛★

水封井利用介质密度不同或封隔区域内外压力不同达到隔离目的。其作用主要有两方面：一是隔离封堵，防止隔离介质漫流或外部介质混入，以达到防止环境污染或防火防爆作用；二是起到安全保护的作用，相当于安全阀。水封井是安全液封的一种，设置在含有可燃气体、易燃液体蒸汽或油污的污水管道上，以防止燃烧或易燃物质沿水管蔓延。

水封井的主要功能是排放污水并防止油品泄漏。一旦水封井失效，泄漏的油品难以回收。当火灾发生时，若水封井和排水阀未能正常工作，可能会导致燃烧的油品通过这些设施外泄，从而加剧火势并扩大火灾影响范围。

3.3 仓 库 区

3.3.1 平面布置

隐患 46：危险品仓库与库外电杆间距不足

（1）隐患示例

隐患表述：某企业危险品仓库与库外电杆间距小于杆高的 1.5 倍。

（2）依据规范

《建筑设计防火规范》（GB 50016—2014）（2018 年版）第 10.2.1 条规定：架空电力线与甲、乙类厂房（仓库）的最近水平距离，不应小于电杆（塔）高度的 1.5 倍。

（3）排查要点

①查看安全评价报告相关评价内容；
②对危险品仓库与电杆/电塔间距进行测量；
③对电杆/电塔高度通过查看资料进行确认或测量。

（4）原因分析

可能由于库外新建输电相关项目，新增电杆/电塔与危险品仓库之间的距离不足。

（5）专家点睛★

危险品仓库与电力架空线的最近水平安全距离，要充分考虑架空电力线在倒杆断线时所产生的危害范围。

调查显示，架空电力线在遇强风和台风等恶劣天气条件下，更易发生倒杆和断线事故。在 21 起事故统计中，发生倒杆后偏移距离在 1m 以内的 6 起，2～4m 的 4 起，半杆高的 4 起，一杆高的 4 起，1.5 倍杆高的 2 起，2 倍杆高的 1 起。采用塔架方式架设电线时，由于顶部用于稳定部分较高，因此，可能需要更大的安全距离来防范潜在的倒杆风险，再加上甲、乙类仓库火灾危险性高，风险大,故要求两者间距不应低于1.5倍杆高。

隐患47:危险品仓库面积大于300m² 但安全出口只有1个

(1)隐患示例

隐患表述:某企业危险品仓库面积大于300m²,但是仅设1个安全出口。

(2)依据规范

《建筑设计防火规范》(GB 50016—2014)(2018年版)第3.8.2条规定:每座仓库的安全出口不应少于2个,当一座仓库的占地面积不大于300m²时可设置1个安全出口。仓库内每个防火分区通向疏散走道、楼梯或室外的出口不宜少于2个,当防火分区的建筑面积不大于100m²时,可设置1个出口。

(3)排查要点

①检查仓库设计文件,判断仓库面积及火灾危险性;
②对仓库进行目视检查,检查安全出口数量和畅通情况。

(4)原因分析

①设计时存在先天缺陷;
②企业可能由于管理需要,将安全出口封闭。

(5)专家点睛★

地上仓库安全出口的设置数量,无论是仓库内任一个防火分区,还是某一房间,均应满足相关规定。

规定仓库每个防火分区至少应有2个安全出口,是确保火灾时人员疏散的安全性和灵活性。考虑到仓库本身人员数量较少,若不论面积大小均要求设置2个出口,有时会有一定困难,也不符合实际情况。因此,对面积不足300m²的仓库,允许只设置1个安全出口。但是,考虑到火灾情况下人员疏散需求,故防火分区的建筑面积大于100m²时,应设2个出口。

3.3.2 仓库设施

隐患48:仓库未设置防止液体流散的设施

仓库防流散设施是指为防止仓库内储存的液体物料在发生泄漏、火灾等事故时物料大面积扩散,造成环境污染、火势蔓延、人身伤害等严重后果而设置的一系列物理屏障、收集装置。

(1)隐患示例

隐患表述:某企业储存易燃液体危险货物仓库防流散设施被拆除。隐患照片如图 3.3-1 所示。

图 3.3-1　易燃液体仓库缺少防流散设施隐患图

(2)依据规范

《建筑设计防火规范》(GB 50016—2014)(2018 年版)第 3.6.12 条规定:甲、乙、丙类液体仓库应设置防止液体流散的设施。遇湿会发生燃烧爆炸的物品仓库应采取防止水浸渍的措施。

(3)排查要点

①核实仓库内是否存放有易燃、可燃液体;

②查看防流散设施的有效性。

(4)原因分析

①设计时未考虑设置;

②企业员工不清楚相关技术要求;

③部分企业仓库需要叉车出入,出于方便货物搬运等方面考虑,可能拆除防流散设施。

(5)专家点睛★

甲、乙、丙类液体,如汽油、苯、甲苯、甲醇、乙醇、丙酮、煤油、柴油、重油等,一般采用桶装存放在仓库内。此类库房一旦着火,特别是上述桶装液体发生爆炸,容易在库内地面流淌,因此,若设置防止液体流散的设施,则能防止其流散到仓库外,避免造成火势扩大蔓延。

防止液体流散的基本做法有以下几种:一是在桶装仓库门洞处修筑漫坡,一般高为150～300mm;二是在仓库门口砌筑高度为150～300mm的门坎,再在门坎两边填沙土形成漫坡,便于装卸;三是在存放处设置围堰。

隐患49:易燃易爆物质仓库内未设置可燃气体探测器

在仓库中安装可燃气体探测器,是预防可燃气体泄漏引发火灾、爆炸事故的重要安全措施。

可燃气体探测器主要有以下几种:

①热导式探测器。工作原理是可燃气体的热导率与空气不同会引起温度差,通过检测温度差来检测可燃气体浓度。该类探测器通过加热元件和检测元件来测量气体的热导率变化。

②催化燃烧式探测器。工作原理是可燃气体在催化剂表面发生氧化反应时会产生热量,通过检测温度变化来检测可燃气体浓度。该类探测器通过加热元件和催化剂来检测温度变化。

③半导体式探测器。工作原理是可燃气体在半导体表面发生吸附或反应时会引起电阻变化,通过检测电阻变化来检测可燃气体浓度。该类探测器通过半导体敏感元件来检测电阻变化。

④红外吸收式探测器。工作原理是可燃气体对特定红外波长的吸收不同,通过检测红外吸收变化来检测可燃气体浓度。该类探测器通过红外发射源和红外检测器来检测红外吸收变化。

(1)隐患示例

隐患表述:某企业乙炔气瓶间未设置可燃气体探测器。隐患照片如图3.3-2所示。

图 3.3-2　乙炔气瓶间缺少可燃气体探测器隐患图

（2）依据规范

《建筑设计防火规范》(GB 50016—2014)(2018 年版)第 8.4.3 条规定：建筑内可能散发可燃气体、可燃蒸汽的场所应设可燃气体报警装置。

（3）排查要点

①查看仓库设计文件；

②查看仓库储存货种，若涉及甲类、乙类易燃液体和气体，则需要设置可燃气体探测器；

③查看可燃气体探测器的有效性，安装位置和高度是否合理。

（4）原因分析

①超出设计功能，设计时考虑储存甲类固体，但是企业私自储存易燃液体；

②企业私自在仓库内设置隔间或隔墙，导致原有可燃气体探测器不能有效覆盖；

③由于可燃气体探测器定期校验等原因临时将探测器拆除，若未及时复位安装可能导致该隐患。

(5)专家点睛★

持续监测危险品仓库内可燃气体浓度变化,掌握现场环境状况,对于危险品仓库的安全是至关重要的。通过监测可以避免可燃气体达到爆炸或中毒浓度,有效预防火灾和爆炸事故的发生。可燃气体探测器可以实时掌握可燃气体浓度,为应急处置提供依据,利于及时采取相应措施。

可燃气体探测器的设置应结合《石油化工可燃气体和有毒气体检测报警设计标准》(GB/T 50493—2019)等相关规范要求进行落实。

需要注意的是,可燃气体探测器的覆盖范围不能超过15m,与释放源之间不能有隔墙等隔离设施;对于轻于空气的可燃气体(或易燃液体的蒸汽),可燃气体探测器应位于释放源上部或仓库顶部;对于重于空气的可燃气体(或易燃液体的蒸汽),可燃气体探测器应高于地面0.3~0.6m处。

隐患50:易燃易爆物质仓库通风风机为非防爆型

危险品仓库通风系统是为确保仓库内储存的危险化学品处于安全、可控的环境条件而专门设计和安装的通风设施。当发生易燃易爆物质泄漏时,系统可将挥发的蒸汽及时排放到大气环境中,避免气体积聚而发生爆炸事故。

(1)隐患示例

隐患表述:某企业易燃易爆物质仓库通风风机为非防爆型。

(2)依据规范

《建筑设计防火规范》(GB 50016—2014)(2018年版)第9.3.4条规定:空气中含有易燃、易爆危险物质的房间,其送、排风系统应采用防爆型的通风设备。当送风机布置在单独分隔的通风机房内且送风干管上设置防止回流设施时,可采用普通型的通风设备。

(3)排查要点

①查看安全评价报告或现场储存物料,明确火灾危险性;
②现场对通风风机选型进行检查。

(4)原因分析

企业可能由于对相关规范掌握不准确。

（5）专家点睛★

易燃易爆品仓库内设置的通风机必须具备防爆功能，这是因为普通通风设备在运行过程中可能产生电火花、高温表面等点火源。而防爆通风机通过采用防爆电机、防爆接线盒、防爆开关等防爆元件，以及特殊的外壳结构设计，确保不会产生电气火花，并能防止可燃物质气体进入电气设备内部，从而防止爆炸事故扩大。

风机停机时，一般会出现空气从风管倒流到风机的现象。当空气中含有易燃或易爆炸物质且风机未做防爆处理时，这些物质会随之被带到风机内，并因风机产生的火花而引起爆炸，故风机要采取防爆措施。一般可采用有色金属或非金属制造的风机叶片和防爆的电动机。

若通风机设置在单独隔开的通风机房内，在送风干管内设置止回阀，即顺气流方向开启的单向阀，能防止危险物质倒流到风机内，且通风机房发生火灾后也不致蔓延至其他房间，因此可采用普通的通风设备。

需要注意的是，为了确保通风效果，风机位置应根据可燃气体（易燃液体蒸汽）密度来确定。对于密度重于空气的物质，排风机应位于建筑物下部；对于密度轻于空气的物质，排风机应位于建筑物上部。

隐患51：易燃易爆物质仓库排风管道不具备导静电功能

导静电排风管是一种专为在排风过程中有效消除静电积累而设计的管道系统，通常应用于排放易燃易爆气体、粉尘等物料的工业环境中，以防止静电放电引发火灾、爆炸等安全事故。

（1）隐患示例

隐患表述：某企业易燃易爆品仓库排风管道不具备导静电功能。

（2）依据规范

《建筑防火通用规范》（GB 55037—2022）第9.3.3条规定，排除有燃烧或爆炸危险性气体、蒸汽或粉尘的排风系统应符合下列规定：①应采取静电导除等静电防护措施；②排风设备不应设置在地下或半地下；③排风管道应具有不易积聚静电的性能，所排除的空气应直接通向室外安全地点。

(3）排查要点

①检查企业安全评价报告或该场所使用物料的情况,明确是否存在易燃易爆物品;

②查看排风管道材质及接地点;

③对排风系统设置情况进行询问。

（4）原因分析

企业在日常工作中可能对排风系统关注较少,部分排风管道可能因维护保养状况不佳而导致导静电功能失效。

（5）专家点睛★

规范规定了用于排出可燃气体、蒸汽、粉尘、纤维的通风系统的基本防火要求,以防止形成爆炸危险性条件。

用于排出可燃气体、蒸汽和粉尘、纤维的排风系统的管道、设备等要采取静电接地等静电防护措施,且管道、元件等要采用金属等导电性能好的材料消除静电。在设备布置上,不允许将排风设备布置在地下和半地下,避免将爆炸性物质引入通风条件差的场所。

导电排风管道主要有以下特点:

①导电材料。排风管主体采用具有良好导电性能的材料,如金属(不锈钢、铝合金等)、导电塑料(添加导电填料的聚乙烯、聚丙烯等)或内敷导电涂层的非导电材料制成。

②接地系统。管体两端及每隔一定距离设有专用接地线或接地环,确保整个排风管与接地网可靠连接,形成完整的静电泄放通路。

③连接件。管与管之间、管与设备之间的连接部件(如法兰、卡箍、接头等)具备导电性能,确保导电连续性。

隐患 52：事故排风的吸风口设置位置不合理

（1）隐患示例

隐患表述:某企业危险品仓库事故排风的吸风口未设置在有毒气体或爆炸危险性物质放散量可能最大或聚集最多的地点。

（2）依据规范

《工业建筑供暖通风与空气调节设计规范》（GB 50019—2015）第 6.4.4 条规定：事故排风的吸风口应设在有毒气体或爆炸危险性物质放散量可能最大或聚集最多的地点。

（3）排查要点

①查看企业储存介质物性参数；

②结合危险品储存情况对吸风口目视检查。

（4）原因分析

由于危险品储存位置多变，可能造成不符合规范要求的情况。

（5）专家点睛★

事故排风系统通常由以下几个主要部分组成：

①排风机组。包括排风机、电机、消音器等，用于强制排出事故现场的烟气和热量。

②排烟管道。用于将排出的烟气和热量引至室外。管道一般采用耐高温、防火的材料制成。

③排烟口。位于室外，用于将排出的烟气和热量排放到室外环境中。

④控制系统。包括温度等检测装置，以及启动、停止、调速等控制装置，用于自动监测和控制排风系统的运行。

⑤电源系统。提供排风系统所需的电力供给，一般包括应急电源。

⑥消防联动系统。该系统与消防系统联动，在发生火灾时自动启动排风系统。

危险品仓库事故排风系统用于将有毒气体或爆炸危险性物质快速有效地从源头排出，避免其在工作区域内聚集，降低人员接触的风险。事故排风系统能够及时捕捉并排出最大量的有害物质，减少其对人员和环境的危害。如果吸风口设置不当，无法有效捕捉和排出最大量的有害物质，会导致有毒气体或易爆物质在工作区域内聚集，增加人员中毒或爆炸的风险。而有害物质扩散到周围，也对空气、水体和土壤造成环境污染。

因此，企业应根据事故排风系统设置情况，合理规划危险品的储存位置。

隐患53：气体报警装置与事故通风装置未联锁

气体报警装置与事故通风装置联锁是指当发生事故导致有害气体、蒸汽或其他危险物质泄漏时，气体探测系统联动通风装置自行启动，同时触发报警系统发出警报。这种做法/设计的目的在于确保及时排除有害物质，保护人员安全并防止事故扩大。

（1）隐患示例

隐患表述：某企业气体报警装置与事故通风装置未联锁。

（2）依据规范

《工业建筑供暖通风与空气调节设计规范》（GB 50019—2015）第6.4.6条规定：工作场所设置有爆炸危险气体检测及报警装置时，事故通风装置应与报警装置联锁。

（3）排查要点

①检查企业安全评价报告；

②查看自动控制系统设计文件；

③查看现场事故通风设置情况、气体检测报警系统设置情况，两者之间是否有信号线相连。

（4）原因分析

规范中的此项要求为新增条款，部分企业可能对新规范落实不到位。

（5）专家点睛★

危险化学品库房等作业场所储存有易燃、易爆、有毒的危险化学品，一旦发生泄漏或遇到火花，容易引发安全事故。气体报警装置能够实时监测作业场所的可燃气体和有毒气体的含量，一旦检测到超标，就会触发报警，提醒工作人员采取相应的安全措施。同时，与事故通风装置联锁，可以确保在气体泄漏等紧急情况下，事故通风装置能够自动启动，迅速降低作业环境中的可燃气体和有毒气体的浓度，从而避免火灾、爆炸、中毒等事故的发生，保障生产和作业人员的安全。该报警信号和设备的运行状态应能在控制室显示、报警。

隐患54：未定期对易燃易爆品仓库温湿度进行记录

易燃易爆品仓库温湿度检测是仓库管理中的一项关键任务,旨在确保仓库内储存的物品处于适宜的温湿度环境中,防止因温湿度条件不合适导致物品变质、损坏或安全性能下降。

(1)隐患示例

隐患表述:某企业未按规定时间对易燃易爆品仓库温湿度进行记录。

(2)依据规范

《易燃易爆性商品储存养护技术条件》(GB 17914—2013)第7.1.1条规定:库房内设置温湿度表(重点库可设自记温湿度计),按规定时间进行观测和记录。

(3)排查要点

①核实仓库内是否储存易燃易爆物质;

②检查仓库是否开展温湿度检测;

③查看储存货物的安全技术说明书,了解储存温度要求,并与现场温度进行比对;

④现场询问企业温湿度检测相关要求。

(4)原因分析

企业由于日常安全管理不到位,可能忽视对温湿度的监控和记录工作,导致该隐患。

(5)专家点睛★

一些危品如易燃易爆品对温湿度变化非常敏感,如果储存环境不合适,可能会引发火灾、爆炸等严重安全事故。

温湿度过高或过低都可能会影响危险品的稳定性和安全性。定期进行温湿度检测可以及时发现问题并采取措施。此外,合适的温湿度有利于危险品的长期保存,避免因环境因素而导致的化学变化和性能下降。

温湿度异常会加速化学反应,导致危险品的化学结构和性能发生变化,从而增加安全隐患。一些危险品在温湿度异常条件下容易发生自燃、爆炸等严重事故,威胁人员生命安全。

因此,对危险品库房进行严格的温湿度监测和管控是非常必要的。

3.3.3 仓储情况

隐患55:无货架危险货物堆垛高度高于3m

(1)隐患示例

隐患表述:某企业无货架危险化学品堆垛高度高于3m。隐患照片如图3.3-3所示。

图3.3-3 危险化学品堆垛高度高于3m隐患图

(2)依据规范

《易燃易爆性商品储存养护技术条件》(GB 17914—2013)第6.1.3条规定:各种商品应码行列式压缝货垛,做到牢固、整齐、出入库方便,无货架的垛高不应超过3m。

《危险化学品仓库储存通则》(GB 15603—2022)第6.2.3条规定:堆码应符合包装标志要求;包装无堆码标志的危险化学品堆码高度应不超过3m(不含托盘等的高度)。

(3)排查要点

①查看危险化学品的包装标志,现场堆码高度是否满足包装标志要求;

②若无包装标志,核实堆码高度是否高于 3m。

(4)原因分析

①企业管理人员、操作人员不清楚规范规定;

②设计文件未明确储存要求;

③由于储存空间有限、货主延迟取货等原因等致货物积压,导致堆垛不满足相关要求。

(5)专家点睛★

较高的堆垛容易发生倾倒、坍塌等危险事故,给工人和周围环境带来安全隐患,一旦发生意外起火等事故会增加消防难度,影响应急救援。

降低堆垛高度更容易被工人控制和管理,降低事故发生的风险。较高的堆垛也不利于货物的装卸、搬运等作业,会降低工作效率。

根据《危险货物港口作业重大事故隐患判定标准》(交办水〔2024〕34 号)第四条规定,若危险货物堆存高度、堆存数量不符合规定,则属于重大事故隐患,因此企业应严格堆放危险货物。

隐患 56:易燃易爆品仓库堆垛与墙间距过小

(1)隐患示例

隐患表述:某企业易燃易爆品仓库堆垛与墙间距过小。隐患照片如图 3.3-4 所示。

图 3.3-4　易燃易爆堆垛与墙距离过小隐患图

(2)依据规范

《易燃易爆性商品储存养护技术条件》(GB 17914—2013)第 6.2 条规定,堆垛间距应保持:①主通道大于或等于 180cm;②支通道大于或等于 80cm;③墙距大于或等于 30cm;④柱距大于或等于 10cm;⑤垛距大于或等于 10cm;⑥顶距大于或等于 50cm。

《危险化学品仓库储存通则》(GB 15603—2022)第 6.2.5 条规定,仓库堆垛间距应满足以下要求:①主通道大于或等于 200cm;②墙距大于或等于50cm；③柱距大于或等于30cm；④垛距大于或等于100cm（每个堆垛的面积不应大于150m^2）；⑤灯距大于或等于50cm。

（3）排查要点

①对仓库现场进行目视检查；

②对堆垛与墙、柱等间距进行测量；

③对通道宽度进行测量。

（4）原因分析

①企业管理人员、操作人员不清楚规范规定；

②设计文件未明确储存要求；

③由于储存空间有限、货主延迟取货等原因致货物积压，导致堆放距离不满足相关要求。

（5）专家点睛★

保持适当的堆存间距，可以确保工作人员在堆垛、装卸等操作时不会发生碰撞或坠落，尤其是使用装卸设备（如叉车）操作时。此外，应根据使用的装卸设备和货物尺寸，确定合理的通道宽度，便于设备通行、回转。

确保堆垛间有足够的空间，也便于工作人员进行操作、货物检查、整理和管理；合理的堆垛间距，也能确保仓库内具备良好的通风和照明条件，便于仓库管理人员及时发现意外情况，及时进行处置和人员撤离。

根据《危险货物港口作业重大事故隐患判定标准》（交办水〔2024〕34号）第四条规定，若危险货物的隔离间距、堆存高度、堆存数量不符合规定，则属于重大事故隐患，因此企业应严格堆放危险货物。

第4章 危险货物配套设施区典型隐患

4.1 装车栈台

4.1.1 汽车装卸设施

隐患57：油气收集支管缺少阻火器

鹤管，又称液体装卸臂，为一种鹤形管道设备，由旋转接头、内臂、外臂、垂管（主要陆用）、三维接头（主要船用）、平衡器、控制系统等部件组成，主要用于汽车槽车、火车槽车或槽船装卸液体介质的装卸。

阻火器是一种安全装置，用于阻止易燃气体和易燃液体蒸汽的火焰蔓延。它通常安装在输送可燃气体的管道中或通风的槽罐上，以防止火焰通过管道或设备间传播，从而避免火灾或爆炸的发生。

鹤管和阻火器如图4.1-1所示。

a) 鹤管

b) 阻火器

图4.1-1 鹤管与阻火器

（1）隐患示例

隐患表述：汽车装车栈台上装卸鹤管的气相管线进入废气收集总管前未设置阻火器。

（2）依据规范

《油气回收处理设施技术标准》（GB/T 50759—2022）第5.1.3条规定：油气收集系统应根据储存或装载系统中的油气性质、操作温度及操作压力等因素合理设置；与储罐、装车鹤管和气相臂连接管道上应设爆轰型阻火器。

（3）排查要点

重点排查汽车装车站台上装车鹤管气相管道与油气回收管道处是否有效设置了爆轰型阻火器。

①现场检查时，通过与现场作业和管理人员沟通，并询问相关装卸设备和油气回收管道设施情况，充分了解设备形式和使用情况，掌握阻火器是否规范设置；

②现场对装车鹤管气相管道与油气回收管道连接处进行检查。

（4）原因分析

①生产厂家未按要求进行出厂设置；

②初始设计时未考虑油气回收系统的设置，从而未对阻火器进行设计；

③港口经营企业私自拆除或因其他原因损坏后拆除；

④港口经营企业对安全标准要求不了解，因此未装设阻火器。

（5）专家点睛 ★

可燃气体管道缺少爆轰型阻火器，易导致发生爆炸事故。当管道内发生火灾时，燃烧会消耗氧气并产生大量热量，从而增加压力。如果管道缺乏足够的通风口或安全阀门，压力就会不断增加，同时气体密度也会增加，使得火焰向管道内部扩散并燃烧。火焰倒流回管道、储罐或燃烧器内部，很容易引发回火爆炸，剧烈的爆炸会造成严重后果。

阻火器是典型的一种安全装置，可以防止易燃气体和易燃液体蒸汽的火焰蔓延。它通常由壳体和滤芯两部分组成，滤芯有不同的类型，如充填型、板型、金属网型、波纹型和液封型等。

究其原因,燃烧和爆炸是由于可燃气体在受到外界能量刺激后,分子间的键被打破,产生了自由基,导致反应发生。当可燃气体通过阻火器的通道时,通道很窄,自由基与通道壁的碰撞会更频繁,从而减少了自由基参与反应的数量,最终防止了火焰的传播。阻火器内部被设计成很多个细小通道,这些通道能够将火焰分割开,有效降低每个小火焰的温度,使其无法达到着火点,从而避免火灾和爆炸的发生。

但是,阻火器的有效范围也是有限制。由于不同的阻火器有其适用范围,如果超出了适用范围,就无法有效地阻止火焰传播。所以在选择阻火器时,一定要考虑考虑三个基本因素:使用位置、介质类型(爆炸级别)以及操作工况(压力、温度)。

隐患58:软管缺少防止摩擦产生火花的措施

软管是一种柔性管道,可以弯曲和伸展,用于将流体或气体从一个地方传输到另一个地方。一般包括金属软管和复合软管,如图4.1-2所示。

图4.1-2 软管

(1)隐患示例

隐患示例:装车栈台卸车软管未设置防止与地面摩擦产生火花的措施。隐患照片如图4.1-3所示。

(2)依据规范

《油气化工码头设计防火规范》(JTS 158—2019)第5.2.1.7款规定:采用金属软管装卸作业时,应采取防止软管与码头面或甲板面摩擦碰撞产生火花的措施。

(3)排查要点

①重点排查装卸软管的完好性(局部磨损程度)、金属软管与地面接触摩擦处的防护措施。

②现场检查装卸软管的完好性和存在摩擦产生火花位置的防护措施。

(4)原因分析

①企业人员对该规定不熟悉、不掌握;

②软管维护保养不当,未定期进行维护保养;

③使用金属软管时,未对易摩擦产生火花的地面等处采取防护措施。

图4.1-3 软管未设置防止与地面摩擦产生火花的措施隐患图

(5)专家点睛★

金属摩擦地面产生火花的原因是:由于金属材料与地面摩擦产生热量和压力,使得金属材料表面的氧化物和空气中的氧气产生化学反应,进而产生火花。一般情况下,金属与金属之间的摩擦也会产生类似的现象。

由于金属软管的电气导性强、易产生火花,因此,采用软管装卸时,要避免软管与地面或装车栈台平台接触碰撞产生火花,常见措施有设置可移动软管托、橡胶护垫或加设其他保护衬垫等。

隐患59:软管放置未按规范要求进行安全防护

管道盲板是一种挡板,如图4.1-4所示,其作用是在管道运行过程中,关闭管路或支管的通道,以便进行设备维护或泄漏检查。

(1)隐患示例

隐患表述:装车栈台二层存放的软管未采取加装盲板等封堵措施。隐患照片如图4.1-5所示。

图 4.1-4　盲板　　　　　　　　图 4.1-5　软管未装盲板隐患图

（2）依据规范

《港口作业安全要求　第 2 部分：石油化工库区》（GB 16994.2—2021）第 4.1.7 条规定：软管存放应设置专门区域，存放时应加装盲板。

（3）排查要点

①现场检查金属软管上盲板及螺栓设置的有效性；

②现场检查金属软管的盲板与管径的匹配性。

（4）原因分析

①企业员工对规定不熟悉；

②金属盲板配置时未考虑与软管口径的匹配性，出现尺寸不一致；

③未制定严格的软管盲板盲封规程，操作中未按规程执行；

④日常检查时未切实检查到位并按照制度进行盲封处理。

（5）专家点睛★

在进行盲板封堵之前，需要检查软管的安全性，确保没有出现漏液、裂缝、损伤或锈蚀等情况。根据管道的尺寸、压力等因素选择合适的盲板，并确保其尺寸和材料符合相关标准规定。安装盲板时，将其与管道连接并通过螺栓紧固，以实现密封效果。如果遇到法兰盲板无法与管道连接的情况，需要使用其他工具将其固定。

4.1.2 防雷防静电设施

隐患60：爆炸危险区域内装车栈台装卸管道法兰处未跨接

法兰静电跨接线是指将法兰和管道的金属接触部分通过导线连接,使电荷能够平稳地流回大地。其作用在于防止静电积聚而引发火灾、爆炸等安全事故。

法兰跨接示意图如图 4.1-6 所示。

（1）隐患示例

隐患表述：在爆炸危险区域内的汽车装卸栈台等部位的物料输送管道上部分法兰未跨接。

图 4.1-6　法兰跨接示意图

（2）依据规范

《石油库设计规范》(GB 50074—2014)第 14.2.12 条规定,在爆炸危险区域内的工艺管道应采取下列防雷措施：工艺管道的金属法兰连接处应跨接。当不少于 5 根螺栓连接时,在非腐蚀环境下可不跨接。

（3）排查要点

①现场排查在爆炸危险区域内的工艺管道法兰连接处导线跨接情况；

②现场排查工艺管道法兰连接处的完好性、导线跨接处接头的牢固程度；

③现场排查法兰连接处及导线跨接处是否存在锈蚀等失效情况。

（4）原因分析

①经营单位未按照规范要求对管道上的法兰连接处进行跨接；

②经营单位采用的跨接连接导线材质耐久性不合格；

③日常性安全巡查检查过程中未发现锈蚀松脱等问题,未能及时消除隐患。

（5）专家点睛★

从本质原因上来讲,管道法兰之所以需要静电跨接,是因为管道法兰有可能会成为一个静电积聚点,也就是管道法兰可能存在绝缘的情况。

隐患 61:过滤器静电接地不规范

过滤器是管道输送液体过程中清除固体杂质的设备,如图 4.1-7 所示。液体过滤器通过过滤介质的作用,去除液体中的固体颗粒、微生物、杂质等,从而提高液体的纯净度和透明度。

图 4.1-7　过滤器

(1)隐患示例

隐患表述:装车栈台输送管道上的过滤器接地不规范。隐患照片如图 4.1-8 所示。

图 4.1-8　过滤器未有效接地隐患图

(2)依据规范

《液体石油产品静电安全规程》(GB 13348—2009)第 4.7.3 条规定:管道泵、过滤器、缓冲器等应可靠接地。

(3)排查要点

①现场排查过滤器的主体位置上是否设置有合适的接地端子;

②现场排查过滤器附近的接地体;

③现场排查过滤器的接地端子是否与接地体有效连接。

(4)原因分析

①企业对过滤器应有效接地的规定不熟悉;

②设计文件中无相关规定;

③施工单位偷工减料;

④过滤器接地端子与接地体之间的连接线断开但维护保养不当;

⑤过滤器接地端子与接地体之间连接位置不规范。

(5)专家点睛★

过滤器具有特殊结构,液体流经此处,会由于冲刷而产生大量电荷。输送易燃易爆物质的过滤器应接地,主要是为了消除由于易燃、易爆物质流动与管壁摩擦而产生的静电,防止静电火花引起爆炸。

过滤器接地应注意以下几点:

①过滤器的外壳接地必须牢固;

②当使用多个过滤器时,每个过滤器的接地都必须单独连接,不能共用;

③过滤器接地电路的长度应尽量缩短;

④过滤器接地应避免与其他电源线和信号线重合。

隐患62:静电导除装置失效

静电导除装置是一种能产生消除带电体上电荷所必需的正、负离子的设备或装置,如图4.1-9所示。由于易燃易爆运输车辆在行驶过程中会产生静电,因此,在罐车驶入装车栈台就位后,需先使用静电导除装置将槽车与接地装置进行连接,一来可以将车辆行驶过程中产生的静电导除,二来在装卸作业过程中可以导除静电。

图4.1-9 静电导除装置

图4.1-10 静电接地夹失效隐患图

（1）隐患示例

隐患表述：装车栈台部分静电接地夹失效。隐患照片如图4.1-10所示。

（2）依据规范

《港口危险货物安全管理规定》第三十一条规定：危险货物港口经营人应当按照保障安全生产的国家标准或者行业标准对其危险货物作业场所的安全设施、设备进行经常性维护、保养，并定期进行检测、检验，及时更新不合格的设施、设备，保证正常运转。维护、保养、检测、检验应当做好记录，并由有关人员签字。

（3）排查要点

①现场查验装车栈台作业范围内静电导除及接地装置的完好程度；

②现场查验装车栈台作业范围内静电导除及接地装置布置的位置和提示标识；

③现场对装车栈台静电导除装置进行有效性测试。

（4）原因分析

①安装设施时，所选用的静电导除及接地装置存在一定的缺陷；

②日常巡查检查工作不到位，未发现设施的缺失或维护保养不到位。

（5）专家点睛★

装车过程中，槽罐车内的液体处于晃动状态，且在装车完毕后液面波动也会持续一段时间。为了防止液面波动产生的静电危害，在装车完毕后，槽罐车至少静置2min后，方可断开车辆的静电导除装置。

隐患63：易燃液体操作平台入口处缺少人体静电导除装置

人体静电导除装置是一种用于消除人体静电的装置。它是将人体上的静电引导并释放，以防止静电积聚在人体上，避免人员接触工艺设备时产生静电放电而引发事故。

人体静电消除装置示意图如图4.1-11所示。

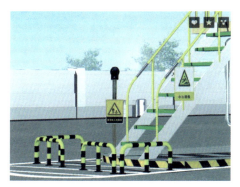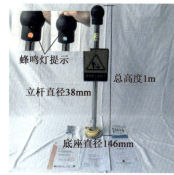

图4.1-11　人体静电消除装置示意图

(1)隐患示例

隐患表述:甲、乙和丙A类液体作业场所内操作台入口缺少人体静电导除装置。隐患照片如图4.1-12所示。

图4.1-12　操作台入口缺少人体静电导除装置隐患图

(2)依据规范

《石油库设计规范》(GB 50074—2014)第14.3.14条规定,下列甲、乙和丙A类液体作业场所应设消除人体静电装置:①泵房的门外;②储罐的上罐扶梯入口处;③装卸作业区内操作平台的扶梯入口处;④码头上下船的出入口处。

《本安型人体静电消除器安全规范》(SY/T 7354—2017)第 4.1 条规定：油气运输、处理或净化、炼化、储存、输送、装卸、加油加气等场所应安装本安型人体静电消除器。

(3)排查要点
①确认作业货种是否为甲、乙和丙 A 类液体；
②现场排查人体静电导除装置的设置位置是否合理；
③现场使用人体静电导除装置进行人体静电导除，查看效果。

(4)原因分析
①由于前期设备选型未考虑设备适用的范围，使得选型不符合要求；
②使用过程中未对设备静电导除范围进行适用性研究，设备配置数量不足；
③设备巡查和维护工作中未能及时发现隐患，使得设备人体静电导除效果不良。

(5)专家点睛★
静电接地就是用接地的办法提供一条人体静电荷释放的通道。
静电消除器的工作原理有以下两个：
①平衡原理。静电消除器会将电荷从带电体转移到接地体，使两者电荷达到平衡状态。
②相消原理。静电消除器通过输出与静电极性相反的电荷，来与带有同种极性的带电体相遇并使其相消，从而去除静电。
静电接地通常采用平衡原理，通过人员触摸静电消除器，将人体所带静电经由静电消除器导入大地，从而避免由于人体静电带来危险。
需要注意的是，在高风险场所，尤其涉及甲类物质的情况下，应采用本安型静电释放器。

4.1.3　其他设施

隐患 64：发油岛车辆进出口缺少防撞设施

防撞设施是指设置在道路的转弯、出入口及其他需要隔离或防撞的危险地段的路面上，起安全隔离、警示、预防碰撞并能在发生碰撞时起缓冲作用，吸收并降低碰撞冲击力的设施,如图4.1-13所示。设置防撞设施是为了引导车辆行驶方向、控制车速以及避免碰撞事故的发生。

图4.1-13　防撞设施

(1)隐患示例

隐患表述:发油岛车辆入口处缺少防撞桩。隐患照片如图4.1-14所示。

图4.1-14　发油岛车辆入口缺少防撞柱隐患图

(2)依据规范

《港口安全设施目录》(交办水〔2014〕127号)表1:编号1-1-2—防撞安全设施—防撞设施/防撞墩(桩)。

(3)排查要点

①排查发油岛、装车栈台的总平面布局与规范要求的匹配情况,核实现场

装卸车通道的布局;

②现场检查装车栈台的防撞装置是否有效。

(4)原因分析

①设计文件中无要求;

②车道布置不合理,车辆倒车或车辆转弯半径不足而难以设置。

(5)专家点睛★

防撞墩主要起安全隔离、警示、预防碰撞的作用,并能在不幸发生碰撞时起缓冲作用,吸收并降低撞击冲击力,保护车辆和设施的安全。

曾有相关研究团队进行过车辆撞击建筑物的测试,测试结果显示:

①汽车撞击建筑物的受撞击点的时间在 0.04s 左右,建筑物混凝土的受损情况可以依据汽车动量作为一个评价指标,动量越大,混凝土损伤越大;

②建筑物的损伤通常是由撞击点开始向周围扩散,其中向基础方向扩散更快。

因此,控制车辆撞击损伤的途径包括控制、限定最高车速和车辆装载总重量,以及在易受到撞击的重点防护点位处设置防撞吸能装置。

隐患 65:管道缺少流向标识

管道流向标识是指在管道系统中使用标识符号,以便识别管道介质流动的方向。这种标识符号通常是由箭头、字母或数字组成,示意图如图 4.1-15 所示。

图 4.1-15 管道流向标识示意图

(1) 隐患示例

隐患表述：装车栈台管道缺少流向标识。隐患照片如图4.1-16所示。

(2) 依据规范

《工业管道的基本识别色、识别符号和安全标识》(GB 7231—2003)第5章规定：工业管道的识别符号由物质名称、流向和主要工艺参数等组成。

《港口作业安全要求 第2部分：石油化工库区》(GB 16994.2—2021)第4.1.5条规定：安全标志、警示标识以及工业管道的基本识别色、识别符号和安全标识的设置应按照GB 2893、GB 2894、GB 7231的规定执行。安全标志和警示标识等每半年应至少检查1次。

图4.1-16　装车栈台管道缺少流向隐患图

(3) 排查要点

①现场检查输送介质的品名情况，工艺输送管线的长度和标识设置位置情况；

②现场检查工艺流向标识设置的规范性。

(4) 原因分析

①输送介质物料货种品名变更后未及时更换标识；

②输送工艺流向变更后未及时修改、补充流向标识；

③管道上标识常年风化褪色或脱落后未及时补充；

④企业需要执行上级公司的规定，而上级公司的规定与国家标准不一致。

(5) 专家点睛★

现场安全标识配置不规范和数量不足的问题时有发生，成为最常见的安全隐患之一。安全标识在生产作业、工艺确认等方面的作用非常重要，具体表现为：

①管道是输送危险化学品和危险货物的主要载体，如果各类危险品运输工艺管道的标识不规范、不明确，可能会给操作人员识别和操作带来难度。管道标识应该能够清晰明确地表明管道的内容和流动方向，避免在操作和维护

过程中产生漏洞和误操作。

②管道标识的规范性和明确性可以让操作人员更加容易掌握管道的信息,避免出现操作失误和延误生产。此外,对于紧急事故和救援行动,明确的管道标识有助于开展事故处理和救援行动。

③通过对管道进行标识,可以清晰地了解每根管道的介质、规格、流向和使用寿命等重要信息,便于日常维护工作和定期检修。

隐患 66:操作梯架设施维护保养不规范

鹤管活动梯,又称活动踏梯、栈桥踏梯,用于汽车或火车栈桥在装车油品的固定平台和不同高度槽车顶部之间的安全行走,如图 4.1-17 中红框所示。作为标准产品,活动梯配有防滑钢格板踏步、踏实锁紧、弹簧缸平衡结构、护栏等,金属踏步全部经镀锌处理,便于操作人员从栈桥(台)踏上槽车顶部进行装卸作业。活动梯主要规格有二步梯、三步梯、四步梯、五步梯等。

(1)隐患示例

隐患表述:装车栈台设置的梯子转轴设计不合理,可能导致转轴脱落。隐患照片如图 4.1-18 所示。

图 4.1-17 鹤管活动梯

图 4.1-18 梯子转轴不合理隐患图

(2)依据规范

《机械安全 防护装置 固定式和活动式防护装置的设计与制造一般要

求》(GB/T 8196—2018)第 5.4.5 条规定:铰链、滑轨、手柄和卡扣等活动部件的选择应确保其在可预见的用法和工作环境下可靠地工作。

(3)排查要点

①现场检查鹤管活动梯及金属构件的完好程度;
②现场向使用人员询问鹤管活动梯使用过程中是否发生过损坏;
③查看设备维护保养记录。

(4)原因分析

①设备出厂设计时存在缺陷;
②设备使用过程中维护保养不及时造成损坏后未复位;
③设备检查过程中未及时发现隐患并消除。

(5)专家点睛★

三步梯的安装方式可采用预埋地脚螺栓,通过底板上的 4 个标准尺寸的螺栓将底板固定在栈桥上,或直接焊于栈桥上。

活动梯一般装于栈桥的边缘,打开脚踏锁紧装置,松开一边的铁链,放下活动梯,将前端踏步靠在罐车上或接近罐车处,挂上铁链。二步、三步、四步梯的最大上仰角为 90°,最大下俯角为 25°。

操作、维护及保养注意事项如下:

①检查端部两边转轴销,当磨损量超过五分之一时,需更换转轴销;
②定期在转动部分,如转轴销、轴承等处加注黄油;
③脚踏锁紧处应轻踩轻放,不能将活动梯作为载重的工具;
④操作活动梯的动作不可过猛,最好能做到轻起轻落;
⑤装卸作业完成后一定要将活动梯收拢,以免发生撞车事故。

4.2 油气回收装置

4.2.1 工艺设备及管道

隐患 67:油气回收装置电气设备外壳接地不规范

油气回收装置是指用吸附法、吸收法、冷凝法、膜分离法或其组合等物理方法对油气进行回收的装置。

（1）隐患示例

隐患表述：油气回收装置电气设备外壳串联接地。隐患照片如图4.2-1所示。

图4.2-1　油气回收装置电气设备外壳串联接地隐患图

（2）依据规范

《电气装置安装工程　接地装置施工及验收规范》(GB 50169—2016)第3.0.4条规定，电气装置的下列金属部分，均必须接地：①电气设备的金属底座、框架及外壳和传动装置；②配电、控制、保护用的屏（柜、箱）及操作台的金属框架和底座；③配电装置的金属遮栏；④电力电缆的金属护层、接头盒、终端头和金属保护管及二次电缆的屏蔽层；⑤电缆桥架、支架和井架；⑥电热设备的金属外壳。

《电气装置安装工程　接地装置施工及验收规范》(GB 50169—2016)第4.2.9条规定：严禁在一条接地线中串接两个及以上需要接地的电气装置。

（3）排查要点

①现场检查电气装置的金属部分的电气连接点位和接地点位的规范性；

②现场检查电气装置的金属部分的接地点位的有效性，必要时进行电阻测量。

（4）原因分析

①企业缺少电气专业技术人员，普通作业管理人员对电气连接要求不熟悉；

②现场检查时未重点关注电气连接的有效性,没有及时发现隐患。

(5)专家点睛★

电气设备接地通常包括两种形式:

①电气设备外壳与接地极直接相连。电气设备的金属外壳,由于绝缘损坏有可能带电,为了防止这种情况危及人身安全,避免发生人体触电事故,将电气设备的金属外壳与接地极直接连接。当人体接触到外壳已带电的电气设备时,由于接地体的接触电阻远小于人体电阻,电流更倾向于通过接地路径而非人体流动,从而极大地降低触电风险,保护人员生命安全。

②电气设备外壳通过五芯电缆中的接地线与接地极相连。该种接地方式需要查看电气系统图进行核实。

需要注意的是,如果电气设备接地采用串联方式接地,一旦某一处断开,将会导致其余部分接地保护失效,从而影响到整个系统的安全性和可靠性,威胁人员人身安全。因此,电气设备禁止采用串联方式接地。

隐患68:油气回收管道法兰连接处未跨接

油气回收管道是连接油气收集接口和油气处理装置的管道。

(1)隐患示例

隐患表述:码头前沿爆炸危险区域内油气回收管道法兰连接处未做静电跨接。隐患照片如图4.2-2所示。

图4.2-2 油气回收管道法兰连接处未跨接隐患图

（2）依据规范

《油气化工码头设计防火规范》(JTS 158—2019)第8.3.2.2款规定:爆炸危险区域内工艺管道的金属法兰连接处应跨接。

（3）排查要点

①现场排查在爆炸危险区域内的工艺管道法兰连接处导线跨接情况;

②现场排查工艺管道法兰连接处的完好性、导线跨接处接头的牢固程度;

③现场排查法兰连接处及导线跨接处的锈蚀程度。

（4）原因分析

①企业对规范要求不熟悉;

②跨接导线材质的耐久性不良,长期腐蚀会导致其失效甚至断裂;

③安装跨接导线前,对连接点进行了防腐处理,导致跨接后不能起到相应效果。

（5）专家点睛★

由于临水区域湿度大,腐蚀作用较强,尤其是沿海区域,盐雾腐蚀情况更加突出。为了确保法兰间的电气连通性良好,现行的《油气化工码头设计防火规范》(JTS 158—2019)明确规定:爆炸危险区域内工艺管道的金属法兰连接处应跨接。而部分企业不清楚该规范的规定,仍然误认为只要法兰的螺栓数量大于4个,就不需要进行跨接,忽视了腐蚀环境下金属电阻会增大的特点。

4.2.2 安全预防性措施

隐患69:储罐顶部油气回收系统缺少阻火器

阻火器是用来阻止可燃气体和可燃液体蒸汽的火焰蔓延的安全装置,如图4.2-3所示,一般安装在输送可燃气体的管道中,或者通风的槽罐上,用以阻止火焰(爆燃或爆轰)通过。阻火器由阻火芯、阻火器外壳及附件构成。阻火器也常用在输送易燃气体的管道上。

第4章 危险货物配套设施区典型隐患

图4.2-3 阻火器

(1)隐患示例

隐患表述:罐顶尾气回收管线与呼吸阀未进行连接,尾气回收管线支管无阻火器。隐患照片如图4.2-4所示。

(2)依据规范

《港口危险货物安全管理规定》第三十一条规定:危险货物港口经营人应当按照国家标准、行业标准对其危险货物作业场所的安全设施、设备进行经常性维护、保养,并定期进行检测、检验,及时更新不合格的设施、设备,保证正常运转。维护、保养、检测、检验应当做好记录,并由有关人员签字。

《港口设施维护技术规范》(JTS 310—2013)第5.1.4条规定:港口设施应保持完好、整洁;各种指示、标志应齐全、清晰;夜间照明应符合有关标准规定;防护、消防、环保、防汛等设施应齐全有效。

图4.2-4 尾气回收管线支管无阻火器隐患图

《油气回收处理设施技术标准》(GB/T 50759—2022)第5.1.3条规定:

油气收集系统应根据储存或装载系统中的油气性质、操作温度及操作压力等因素合理设置；与储罐、装车鹤管和气相臂连接管道上应设爆轰型阻火器。

（3）排查要点

①现场检查设备连接管道上的阻火器配置情况；
②现场检查和询问管理人员阻火器的位置和安装情况；
③询问管理人员阻火器的型号并现场检查阻火器的有效情况。

（4）原因分析

①管理人员对阻火器安装位置情况不掌握；
②企业相关人员对阻火器的规范安装要求不熟悉；
③缺少企业相关检查和对阻火器的检验；
④建设时期规范标准无相关要求，而新规范标准新增相关安全要求。

（5）专家点睛★

储罐阻火器用于防止外部火焰蹿入存有易燃易爆气体的设备、管道内，阻止火焰在设备、管道间蔓延。由于油气回收设施的气相管线将各储罐连通，如果储罐气相支管未设置阻火器，则当某储罐发生意外时，其火焰会沿着气相管线蔓延到其他储罐，从而引发更大范围的恶性爆炸事故。

阻火器的原理是火焰通过热导体的狭小孔隙时，会由于热量损失而熄灭。阻火器的阻火层材料有砾石、金属丝网和波纹板。其适用于可燃气体管道，如汽油、煤油、轻柴油、苯、甲苯、原油等油品的储罐的管道或火炬系统、气体净化系统、气体分析系统的管网。

隐患70：油气回收处理装置尾气排气管缺少阻火设施

尾气是指油气经油气回收装置、油气处理装置回收或处理后排放至大气环境的气体。尾气排放管及阻火器如图4.2-5所示。

（1）隐患示例

隐患表述：油气回收处理装置的尾气排气管缺少阻火器。隐患照片如图4.2-6所示。

图 4.2-5　尾气排放管及阻火器　　图 4.2-6　油气回收处理装置的尾气排气管缺少阻火器隐患图

（2）依据规范

《油气回收处理设施技术标准》（GB/T 50759—2022）第 3.0.15 条规定，油气回收装置和油气处理装置的尾气排放管道及其附件的设置应符合下列规定：①石油库工程中，尾气管排放口的高度应满足现行《储油库搭起污染物排放标准》（GB 30950）的规定；②石油化工企业、煤化工企业中，尾气管道排放口应高出地面 15m 以上；③尾气排放管道应设置采样口和阻火设施；④尾气排放管道应高出 10m 范围内的平台或建筑物顶 3.5m 以上。

（3）排查要点

①重点了解和询问关于油气回收处理装置的尾气排气管中阻火器的配置情况；

②现场检查油气回收处理装置的尾气排气管中阻火器的设置情况。

（4）原因分析

①油气回收处理装置安装投用初期未考虑安装阻火器；

②油气回收处理装置安装投用后未对阻火器有效规范配置情况进行检查。

(5)专家点睛★

阻火器主要设置在以下位置或环境:输送可燃性气体的管道;火炬系统;油气回收系统;加热炉燃料气的管网;气体净化处理系统;气体分析系统;煤矿排放系统;易燃易爆溶剂系统(如反应釜及储罐放空口等)。

为了确保阻火器的性能达到使用目的,在安装阻火器前,必须认真阅读厂家提供的说明书,并仔细核对标牌与所装管线要求是否一致,阻火器上的流向标记必须与介质的流向一致。

隐患71:易燃物质油气回收处理装置缺少可燃气体检测器

气体检测器又称气体探测器,是将可燃气体、有毒气体或氧气的浓度转换为电信号的电子设备。常见气体检测器如图4.2-7所示。

图4.2-7 气体检测器

(1)隐患示例

隐患表述:二甲苯废气回收处理装置未设置可燃气体检测器。

(2)依据规范

《油气回收处理设施技术标准》(GB/T 50759—2022)第3.0.13条规定:油气回收装置和油气处理装置区域应设置可燃或有毒气体检测器。

(3)排查要点

①现场了解油气回收处理装置的管道中介质的可燃或有毒的理化性质;

②现场检查分析油气回收装置区域存在泄漏可能的位置并检查设置可燃或有毒气体检测器的情况;

③检查接收报警信号的中控室内对应现场的可燃或有毒气体检测器的有效性。

(4)原因分析

①设备安装时未充分了解油气回收装置内介质的理化性质,未设置对应的可燃或有毒气体检测器;

②设置可燃或有毒气体检测器的检测范围和距离不规范;

③日常检查过程中未对检测报警信号的有效性进行核实。

(5) 专家点睛 ★

可燃或有毒气体检测器的工作原理可以分为三个主要步骤:感测、转化和警示。

第一步,感测。

当可燃或有毒气体进入检测器的感测腔室时,感测元件开始发挥作用。

感测元件根据不同的原理会发生不同的反应,例如,电化学传感器中的电化学反应将导致电流发生变化,红外传感器则依赖于气体分子吸收和发射的光谱。

无论依据哪种原理,感测元件都能够将可燃或有毒气体的浓度转化为可测量的电信号。

第二步,转化。

检测器内部的信号处理电路会对感测元件产生的电信号进行放大和滤波等处理,以确保电信号的稳定性和准确性。

同时,检测器还可能根据所采用的感测元件的特性,通过一系列复杂的算法对信号进行分析和判断,以确定是否存在可燃或有毒气体泄漏。

第三步,警示。

当检测器检测到可燃或有毒气体浓度超过设定的阈值时,它将触发警报系统以向周围发出警示信号。

常见的警示方式包括声音报警、光闪报警以及发送警报信号至报警中心或者中控室等。

隐患72:油气回收管道上安全标识设置不规范

安全标识是用以表达特定安全信息的标志,由图形符号、安全色、几何形状(边框)或文字构成。

(1) 隐患示例

隐患表述:罐区通向油气回收系统的管道上缺少流向标识。隐患照片如图4.2-8所示。

图 4.2-8　油气回收管道安全标识不规范隐患图

（2）依据规范

《工业管道的基本识别色、识别符号和安全标识》（GB 7231—2003）第 5 章规定：工业管道的识别符号由物质名称、流向和主要工艺参数等组成。

《港口作业安全要求　第 2 部分：石油化工库区》（GB 16994.2—2021）第 4.1.5 条规定：安全标志、警示标识以及工业管道的基本识别色、识别符号和安全标识的设置应按照 GB 2893、GB 2894、GB 7231 的规定执行。安全标志和警示标识等每半年应至少检查 1 次。

（3）排查要点

①现场检查输送介质的理化性质、输送管线的长度和标识设置位置情况；

②现场检查工艺流向标识的设置规范性。

（4）原因分析

①输送介质管道敷设后未及时设置流向标识；

②输送工艺流向变更后未及时修改、补充流向标识；

③管道上标识常年风化褪色或脱落后未及时补充。

（5）专家点睛★

标识管道的流向，是为了避免因管道流向标识不清晰而造成生产事故，保证生产的稳定性和可靠性。设置管道流向标识时应注意以下几点：

①材质。标牌的材质一般分为塑料、钢、铝等，应根据不同环境和使用要求，选择适合环境条件的材质。

②标识内容。标牌上的标识内容应传递明确的流向信息，尤其是当多条管道平行敷设时，更应分别标识管道输送的物品种类、流向和危险等级。

③标识方式。标牌的标识方式一般分为图案、文字或者图文结合等形式，应根据实际要求选择合适的标识方式。

④标识位置。标牌的位置也非常重要,应选择有利于现场人员看到和容易识别的位置,避免遮挡和损坏。

4.3 泵 房

4.3.1 工艺设施及布置

隐患73:Ⅰ、Ⅱ级毒性液体的输送泵未采用屏蔽泵或磁力泵

普通离心泵的驱动是通过联轴器将泵的叶轮轴与电动轴相连接,使叶轮与电动机一起旋转而工作。由于该种泵存在动密封,物料泄漏风险相对较高。

与离心泵相比,屏蔽泵和磁力泵由于采用了静密封,大大降低了物料泄漏风险。

屏蔽泵是一种无密封泵,泵和驱动电机都被密封在一个被泵送介质充满的压力容器内,此压力容器只存在静密封,并由一个电线组来提供旋转磁场并驱动转子。这种结构取消了传统离心泵具有的旋转轴密封装置,故能做到完全无泄漏。

磁力泵由泵、电动机、磁力传动三部分组成,如图4.3-1所示。关键部件磁力传动由外磁转子、内磁转子及不导磁的隔离套组成。当电动机带动外磁转子旋转时,磁场能穿透空气隙和非磁性物质,带动与叶轮相连的内磁转子作同步旋转,实现动力的无接触传递,将动密封转化为静密封。

图4.3-1 磁力泵

(1)隐患示例

隐患表述:某企业Ⅰ、Ⅱ级毒性液体的输送泵未采用屏蔽泵或磁力泵。隐患照片如图4.3-2所示(该泵为离心泵)。

图4.3-2 毒性液体的输送泵未采用屏蔽泵或磁力泵隐患图

(2)依据规范

《石油库设计规范》(GB 50074—2014)第7.0.6条规定:Ⅰ、Ⅱ级毒性液体的输送泵应采用屏蔽泵或磁力泵。

(3)排查要点

首先,确定输送物料毒性,是否属于Ⅰ、Ⅱ级毒性液体;然后,排查输送泵类型。

(4)原因分析

①企业对安全标准的要求不了解,因此未将输送Ⅰ、Ⅱ级毒性液体的输送泵设置为屏蔽泵或磁力泵;

②企业私自更换,或因其他原因损坏后未按照要求更换为屏蔽泵或磁力泵;

③建设时间较早,设计时规范无相应要求。

(5)专家点睛★

Ⅰ、Ⅱ级毒性液体一旦泄漏,可能对人体健康和安全造成严重影响。因此,在输送、储存过程中,应采取可靠措施,防止泄漏发生。

在输送环节,屏蔽泵和磁力泵均属于无泄漏泵,可有效防止有毒液体泄漏,因此,输送高毒液体应采用屏蔽泵或磁力泵。

但是,屏蔽泵和磁力泵流量较小,输送效率较低。因此,为了提高输送效率,部分企业采用离心泵输送高度液体,这是一种高风险行为,不满足标准规定,应该进行整改。

隐患74:液化烃泵与其他易燃和可燃液体的泵同房间布置

泵是输送流体或使流体增压的机械。它将原动机的机械能或其他外部能量传送给液体,使液体能量增加。泵主要用来输送水、油、酸碱液等液体,也可输送液、气混合物及含悬浮固体物的液体。

(1)隐患示例

隐患表述:某企业输送液化烃泵与输送燃料油的泵设在同一个房间内。隐患照片如图 4.3-3 所示。

图 4.3-3　液化烃泵与可燃液体泵设在同一个房间隐患图

(2)依据规范

《石油库设计规范》(GB 50074—2014)第 7.0.5 条规定:输送液化烃等甲 A 类液体的泵,不应与输送其他易燃和可燃液体的泵设在同一个房间内。

(3)排查要点

①向操作人员了解泵房内输送的物料种类;

②检查输送液化烃泵与输送其他易燃和可燃液体的泵是否在一个房间内。

(4)原因分析

①泵房改造时未经专业机构设计和管理部门审查,私自改造;

②设计时规范无相应要求。

(5)专家点睛★

液化烃类物质属于甲 A 类火灾危险性介质,火灾爆炸危险性很高。液化烃物质通常包括液化天然气、液态乙烯、乙烷、丙烯、丙烷、丁烯、丁烷等。可以采取常压下降低温度或常温下增加压力两种方式储存。液化烃沸点很低,自燃点一般在250～480℃不等。常温、常压下极易在空气中形成爆炸性气体混合物,密度一般比空气重(甲烷、乙烯除外),泄漏后极易在低洼处积聚。

由于液化烃危险程度很高,且泵输环节存在发生泄漏的可能,为了防止事故后果扩大,输送液化烃的泵与其他可燃液体泵不得同房间设置。

4.3.2 监控系统

隐患75：装卸有毒液体的泵站未设置有毒气体检测器

气体探测器是一种检测气体浓度的仪器。该仪器适用于存在可燃或有毒气体的危险场所,能长期连续检测空气中被测气体爆炸下限以内的含量,可广泛应用于燃气、石油化工、冶金、钢铁、炼焦、电力等存在可燃或有毒气体的各个行业,是保证财产和人身安全的理想监测仪器。常见气体探测器如图4.3-4所示。

图4.3-4 气体探测器

（1）隐患示例

隐患表述：某装卸丙烯腈(属于有毒液体)的泵站未设置有毒气体检测器。

（2）依据规范

《石油库设计规范》(GB 50074—2014)第15.1.9条规定,有毒气体和可燃气体检测器设置应符合下列规定：①有毒液体的泵站、装卸车站、计量站、储罐的阀门集中处和排水井处等可能发生有毒气体泄漏和积聚的区域,应设置有毒气体检测器。②设有甲、乙A类易燃液体设备的房间内,应设置可燃气体浓度自动检测报警装置。③一级石油库的甲、乙A类液体的泵站、装卸车站、计量站、地上储罐的阀门集中处和排水井处等可能发生可燃气体泄漏、积聚的露天场所,应设置可燃气体检测器。

(3) 排查要点

①是否涉及有毒液体装卸、储存；

②检查有毒液体的泵站、装卸车站、计量站、储罐的阀门集中处和排水井处等可能发生有毒气体泄漏和积聚的区域是否设置有毒气体检测器；

③检查有毒液体的泵站、装卸车站、计量站、储罐的阀门集中处和排水井处等可能发生有毒气体泄漏和积聚的区域设置有毒气体检测器和泄漏点的距离是否符合要求；

④检查现场设置的有毒气体检测器是否失效。

(4) 原因分析

①企业私自拆除或因其他原因损坏后未修复；

②设计时规范无相应要求；

③企业对安全标准的要求不了解，导致未装设有毒气体检测器或装设的气体检测器与泄漏点的距离不符合标准要求。

(5) 专家点睛 ★

在生产过程中，所排放的有毒有害气体不仅对工作人员的安全和健康构成直接威胁，还可能对周围环境造成污染。特别是设备陈旧、工艺落后的生产过程，有毒气体危害的问题显得尤为突出。企业生产过程中急性中毒事故时有发生，许多作业场所有毒气体浓度大大超过国家规定标准，严重威胁作业人员的身体健康。

隐患76：输送易燃液体泵站未设置可燃气体检测器

(1) 隐患示例

隐患表述：某一级石油库的输送汽油的泵站未设置可燃气体检测器。

(2) 依据规范

《石油库设计规范》(GB 50074—2014)第15.1.9条规定，有毒气体和可燃气体检测器设置应符合下列规定：一级石油库的甲、乙A类液体的泵站、装卸车站、计量站、地上储罐的阀门集中处和排水井处等可能发生可燃气体泄漏、积聚的露天场所，应设置可燃气体检测器。

（3）排查要点

①确认是否存在易燃易爆货种；
②检查易燃易爆场所是否设置有可燃气体检测器；
③检查易燃易爆场所设置可燃气体检测器和泄漏点的距离；
④检查现场设置的可燃气体检测器是否失效。

（4）原因分析

①港口经营企业私自拆除或因其他原因损坏后未修复；
②设计时规范无相应要求；
③企业对安全标准的要求不了解，导致未装设可燃气体检测器或装设的气体检测器与泄漏点的距离不符合标准要求。

（5）专家点睛★

可燃气体种类非常多，大致可分为烷类、烃类、酯类。凡是只要能够与空气在一定的浓度范围内遇到火源发生爆炸的气体，都为可燃气体。常见的可燃气体有甲烷、天然气、汽油、乙醇等，可使用可燃气体检测仪实时监测其浓度，一旦超过了安全浓度检测仪就会发出报警信号，提醒工作人员做好安全对策，从而降低可燃气体浓度、防止发生爆炸和火灾，保障安全生产。

4.3.3 防静电

隐患77：甲、乙和丙A液体泵房门外未设消除人体静电装置

人体静电消除装置是一种用于去除人体静电的设备，主要由外壳、电路板、导电材料、触点等构成。常见人体静电消除装置如图4.3-5所示。

（1）隐患示例

隐患表述：某汽油罐区泵站入口未设置消除人体静电装置。隐患照片如图4.3-6所示。

（2）依据规范

《石油库设计规范》（GB 50074—2014）第14.3.14条规定：甲、乙和丙A液体作业场所中，泵房的门外应设消除人体静电装置。

第4章 危险货物配套设施区典型隐患

图4.3-5 人体静电消除装置

图4.3-6 易燃液体泵站入口缺少人体静电装置隐患图

（3）排查要点

①确认输送液体火灾危险性是否为甲、乙和丙A类；

②现场查看泵房门外是否设有消除人体静电装置；

③查看静电装置是否有效，是否有断开现象。

（4）原因分析

①设计时未考虑；

②企业对安全标准的要求不了解，导致未装设消除人体静电装置。

（5）专家点睛★

穿着化纤等人造织物服装时，容易产生并积累静电，附着在人体上。因此，进入爆炸危险区域之前，设置消除人体静电释放装置，可以有效导除人体携带的静电，降低在易燃易爆环境中因静电放电引发的爆炸风险。

早期的人体静电释放器为全金属结构，接触面为不锈钢材质，此类型静电释放器常叫作"普通型静电释放器"。考虑到普通型静电释放器在触摸瞬间可能引起放电，又研发了本安型人体静电消除器（又叫"防爆型静电释放器"），在普通静电释放器的触摸部位增加了导静电剂的聚乙烯材料。防爆型静电释放器是一种适用于易爆易燃、静电防护要求高场所的人体静电专用产品。

《防止静电事故通用导则》（GB 12158—2006）第6.1.10条规定：静电危险场所要使用防爆型静电消除器。《防静电工程施工与质量验收规范》

(GB 50944—2013)第12.1.4条规定:易燃易爆的场所应选用防爆型静电消除装置。《本安型人体静电消除器安全规范》(SY/T 7354—2017)第4.1条规定:油气集输、处理或净化、炼化、储存、输送、装卸、加油加气等场所应安装本安型人体静电消除器。

4.4 工艺管道

4.4.1 管道连接

隐患78:金属工艺管道与管件之间未采用焊接连接

焊接,也称作熔接,是一种以加热、高温或者高压的方式接合金属或其他热塑性材料的制造工艺及技术。

(1)隐患示例

隐患表述:某汽油罐区管道之间采用法兰连接。隐患照片如图4.4-1所示。

图4.4-1 管道连接采用法兰连接隐患图

(2)依据规范

《石油库设计规范》(GB 50074—2014)第9.1.9条规定:①管道之间及管

道与管件之间应采用焊接连接。②管道与设备、阀门、仪表之间宜采用法兰连接,采用螺纹连接时应确保连接强度和严密性。

(3)排查要点

现场检查除阀门、仪表连接处之外的管道是否采用焊接连接。

(4)原因分析

①设计时规范无相应要求;

②工艺管道改造时未经专业机构设计和管理部门审查,私自改造。

(5)专家点睛★

管道的连接主要包括:焊接连接、法兰连接、螺纹连接。

焊接连接是通过融化材料,将原来的两个物体完全融合为一个整体。这种连接方式无缝隙,不存在泄漏点。

法兰连接是一种可拆卸的接头,通过将两个管道、管件或器材各自固定在一个法兰盘上,然后在两个法兰盘之间加上法兰垫,最后用螺栓将两个法兰盘拉紧使其紧密结合起来。这种连接方式具有拆卸方便、便于检修的特点;但是,由于存在着法兰,因此存在泄漏的风险。

螺纹连接是指用螺纹件(或被连接件的螺纹部分)将被连接件连成一体的可拆卸连接。这种连接仅适用于小管径,对于港口输送管道不适用。

对于易燃易爆物质和高毒物质,因为物质危险性很高,应采用焊接连接。尽管法兰连接具有维修方便的特点,但是每增加一个法兰连接点,就可能增加一个泄漏源,从而增加安全隐患。因此,除仪表、阀门等采用法兰连接之外,管道之间的连接应采用焊接连接。

4.4.2 管道标志标识

隐患79:工艺管道上缺少流向标识

管道流向标识是指在管道系统中使用标识符号,以便识别管道内介质的流动方向。这种标识符号通常是由箭头、字母或数字组成。

管道流向标识示意图如图4.4-2所示。

图 4.4-2　管道流向标识示意图

(1) 隐患示例

隐患表述:泵房内工艺管道缺少流向标识。隐患照片如图 4.4-3 所示。

图 4.4-3　管道缺少流向标识隐患图

(2) 依据规范

《港口作业安全要求　第 2 部分:石油化工库区》(GB 16994.2—2021)第 4.1.5 条规定:安全标志、警示标识以及工业管道的基本识别色、识别符号和安全标识的设置应按照 GB 2893、GB 2894、GB 7231 的规定执行。《工业管道的基本识别色、识别符号和安全标识》(GB 7231—2003)第 5 章规定:工业管道的识别符号由物质名称、流向和主要工艺参数等组成。

(3)排查要点

①现场检查输送介质的品名情况,工艺输送管线的长度和标识设置位置情况;

②核实工艺流向标识的设置规范性。

(4)原因分析

①输送介质物料货种品名变更后未及时更换标识;

②输送工艺流向变更后未及时修改、补充流向标识;

③管道标识风化褪色或脱落后未及时补充。

(5)专家点睛★

现场安全标识配置不规范和数量不足是常见的安全隐患之一。安全标识的作用在生产作业、工艺确认等方面非常重要,具体表现为:①管道是输送危险货物的主要载体,如果各类输送管道的标识不规范、不明确,可能会给日常操作和事故处置带来不利影响。管道标识应该能够清晰明确地表明管道的物料名称和流动方向,避免在操作和维护过程中发生误操作,便于进行日常的检维修。②此外,对于紧急事故和救援行动,明确的管道标识有助于事故处理和快速开展救援行动。

隐患80:高毒物质管道未设置明显区别于其他管道的标志

标志是表明事物特征的记号,以显著、易识别的图形或文字符号表示其主要特征。

(1)隐患示例

隐患表述:某石油库丙烯腈(高毒性物质)管道未设置明显区别于其他管道的标志。隐患照片如图4.4-4所示。

(2)依据规范

《石油库设计规范》(GB 50074—2014)第9.1.3条规定:Ⅰ、Ⅱ级毒性液体管道不应埋地敷设,并应有明显区别于其他管道的标志;必须埋地

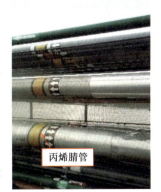

图4.4-4 高毒物质管道无明显标志隐患图

敷设时应设防护套管,并应具备检漏条件。

(3)排查要点

①现场检查输送介质的品名情况,确定物料毒性;

②现场检查Ⅰ、Ⅱ级毒性液体管道是否设置明显区别于其他工艺管道标志。

(4)原因分析

①输送介质物料货种品名变更后未及时更换;

②管道上标志常年风化褪色或脱落后未及时补充;

③企业对标准的要求不了解。

(5)专家点睛★

管道是输送危险货物的主要载体,如果各类危险品运输工艺管道的标志不规范、不明确,可能会给操作人员带来安全隐患。高毒性物质泄漏后,极易造成人员中毒,因此,对高毒物质管道应设置明显标志,便于提醒相关人员采取个体防护,避免中毒事故发生。

管道标志的规范性和明确性可以让操作人员更加容易掌握管道的信息,避免出现操作失误。此外,一旦发生管道泄漏,明确的管道标志可以提示应急救援人员穿戴相应的个体防护用品,快速、有效地展开应急处置。

4.4.3 管道法兰静电跨接

隐患81:爆炸危险区内工艺管道法兰处未跨接

法兰静电跨接线是指将法兰和管道的金属接触部分通过导线连接,使电荷能够平稳地流回地面。其作用在于防止静电积聚引发火灾、爆炸等安全事故。

管道跨接示意图如图4.4-5所示。

(1)隐患示例

隐患表述:爆炸危险区域内的工艺管道上部分法兰未跨接。隐患照片如图4.4-6所示。

图 4.4-5　法兰跨接示意图　　图 4.4-6　爆炸危险区法兰未跨接隐患图

（2）依据规范

《石油库设计规范》（GB 50074—2014）第 14.2.12 条规定，在爆炸危险区域内的工艺管道，应采取下列防雷措施：工艺管道的金属法兰连接处应跨接。当不少于 5 根螺栓连接时，在非腐蚀环境下可不跨接。

（3）排查要点

①现场排查在爆炸危险区域内的工艺管道法兰连接处导线跨接情况；

②现场排查工艺管道法兰连接处的完好性、导线跨接处接头的牢固程度；

③现场排查法兰连接处及导线跨接处的锈蚀程度及油漆情况；

（4）原因分析

①企业对相关规定理解不到位；

②跨接导线材质耐久性差，老化失效；

③日常性安全巡查检查过程中未发现锈蚀松脱等问题。

（5）专家点睛★

工艺管道内的物料在运输过程中会产生和积聚电荷，当电荷积聚到一定程度时，会产生静电放电，如果此时环境中存在易燃易爆气体，就会点燃可燃气体,发生爆燃现象。

从本质原因上讲,管道法兰之所以需要静电跨接,是因为管道法兰有可能成为一个静电积聚点,也就是管道法兰可能存在绝缘的情况,所以管道跨接必须在紧邻的法兰间跨接,不能跨越法兰跨接。

4.4.4 管道布置

隐患 82：工艺管道与特殊场所距离小于 15m 时外墙不合规

不燃烧体实体墙,指的是使用不燃烧材料(如混凝土、砖、防火板等)制作的隔墙,这类隔墙在遇到火灾时不会燃烧,具有一定的防火性能。

(1)隐患示例

隐患表述：某石油库工艺管道与消防泵房距离小于 15m,朝向工艺管道一侧的外墙未采用无门窗的不燃烧体实体墙。

(2)依据规范

《石油库设计规范》(GB 50074—2014)第 9.1.4 条规定：地上工艺管道不宜靠近消防泵房、专用消防站、变电所和独立变配电间、办公室、控制室以及宿舍、食堂等人员集中场所敷设。当地上工艺管道与这些建筑物之间的距离小于 15m 时,朝向工艺管道一侧的外墙应采用无门窗的不燃烧体实体墙。

(3)排查要点

①现场检查工艺管道与消防泵房、专用消防站、变电所和独立变配电间、办公室、控制室以及宿舍、食堂等人员集中场所的距离,可以采用皮尺、激光测距(使用激光测距时,要注意防爆问题);若距离小于 15m,核实朝向工艺管道一侧的建筑物外墙是否采用无门窗的不燃烧体实体墙。

②通过竣工文件核实外墙材料。不燃烧体实体墙,通常采用砖结构、钢混结构建造。

(4)原因分析

①建设时间较早,设计时规范无相应要求;

②技术改造时,未经专业机构设计和管理部门审查,私自改造;

③虽经检查发现该隐患,但是由于先天缺陷,整改难度很大。

(5)专家点睛★

消防泵房、专用消防站、变电所和独立变配电间、办公室、控制室以及宿舍、食堂等人员集中场所是石油库内的重要设施,为了防止工艺管道发生意外事故对以上建筑物造成严重危害,要求当以上建筑物外墙朝向工艺管道一侧距离小于 15m 时,朝向工艺管道一侧的外墙应采用无门窗的不燃烧体实体墙。

隐患 83:工艺管道外表面未涂刷防腐涂层

防腐涂层是指涂敷在金属表面,使之与周围介质隔离,以控制管道腐蚀的一种覆盖层。防腐涂层应具有良好的电绝缘性和隔水性,与管道表面有较强的附着力,能抗化学破坏和有一定的机械强度。

(1)隐患示例

隐患表述:某石油库工艺管道表面未涂刷防腐涂层。

(2)依据规范

《石油库设计规范》(GB 50074—2014)第 9.1.13 条规定:①钢管及其附件的外表面,应涂刷防腐涂层,埋地钢管尚应采取防腐绝缘或其他防护措施。②管道内液体压力有超过管道设计压力可能的工艺管道,应在适当位置设置泄压装置。

(3)排查要点

现场检查工艺管道是否涂刷防腐涂层,以及防腐涂层的完好性。

(4)原因分析

①疏于管理,维护保养不及时,涂层剥离或脱落后未及时补刷;
②施工时未涂刷。

(5)专家点睛★

防腐涂料防腐蚀机理是在金属表面形成一层屏蔽涂层,阻止水和氧与金属表面接触,从而降低工艺管道的腐蚀速率。

隐患84：可能超压的工艺管道未设置泄压装置

泄压装置是一种根据系统的工作压力能自动启闭的装置，一般安装于封闭系统的设备或管路上，以保护系统安全。安全阀是一种典型的泄压装置，如图4.4-7所示。

图4.4-7 安全阀

（1）隐患示例

隐患表述：某石油库汽油管道未设置泄压装置。

（2）依据规范

《石油库设计规范》（GB 50074—2014）第9.1.13条规定：管道内液体压力有超过管道设计压力可能的工艺管道，应在适当位置设置泄压装置。

（3）排查要点

①现场检查工艺管道是否设置泄压装置；

②泄压装置是否定期检测；

③泄压装置管路上是否设有阀门，若设置，阀门是否保持常开状态。

（4）原因分析

①工艺管道改造时，未经专业机构设计和管理部门审查，私自改造；

②管道维修后未及时安装；

③泄压装置管路上的阀门被人为关闭。

（5）专家点睛★

工艺管道采取泄压措施，是为了液体受热膨胀后能及时泄压，不致使管子或配件因油品受热膨胀、压力升高而破裂，发生跑油事故。

工艺管道的泄压手段主要分为四种：第一种是通过利用管道内部液体产生的压力差，进而将压力通过管线进行传递，自然泄放到油库储存罐内部，这种泄压方式是最简单、技术含量最低的，大部分管线都可以通过这种自然泄放的方式来进行泄压。第二种是利用石油产品的膨胀特点，对管道进行优化设计，通过设立旁路泄压管道的方式，将管道内部的压力泄放到油库储存罐内部。第三种则是根据拱顶罐和内浮顶罐的结构科学进行结构优化，利用储存罐罐顶设置泄放管和倒 U 形管来实现管线泄压的目的。第四种是通过布设接卸泄压阀装置,对泄压阀的泄放值以及自动启闭值进行设定,当压力达到一定程度后,就会触发泄压阀进行安全泄放,当压力降低到一定程度时,则会自动停止泄压。

此外,泄压管路上的阀门必须保持常开,以确保在任何时刻,管道的胀压都能及时泄放。

4.5 消防设备设施

4.5.1 移动消防设施

隐患85:装车栈台处灭火沙储备量不足

消防沙用于火灾时掩盖火源和隔绝空气,以防止火焰蔓延扩大,主要用于扑灭油制品、易燃化学品之类的火灾。通常,消防沙都放置在沙箱内,并进行明显标识。典型消防沙箱如图 4.5-1 所示。

(1)隐患示例

隐患表述:发油棚(装车栈台)处未配置灭火沙。隐患照片如图 4.5-2 所示。

图 4.5-1　消防沙箱　　　　图 4.5-2　发油棚未配置消防沙隐患图

(2)依据规范

《石油库设计规范》(GB 50074—2014)第12.4.2条规定:汽车罐车易燃和可燃液体装卸场地,灭火沙配置数量不少于1m³。

(3)排查要点

现场检查消防沙配置的数量是否满足要求。

(4)原因分析

①不清楚规范要求;

②在日常消防设施检查过程中忽略了消防沙的日常损耗,且没有及时补充。

(5)专家点睛★

正确储存消防沙,可以充分发挥消防沙的灭火作用。储存时应注意以下几点:

①消防沙要保持干燥。首先,若含有水分将导致遇到火后飞溅伤人。其次,消防沙的功能之一为吸纳易燃液体,消防沙含水将降低吸纳效果。另外,用于扑救D类金属火灾时会产生氢气而发生爆炸。此外,在使用消防沙时,也要配合使用不产生火花的铝锹、铝桶等物品,防止摩擦产生火花而发生爆炸。

②消防沙的储备量要充足。

③日常情况下,消防沙尽量不要暴露在阳光下,因为长期日晒雨淋,消防沙容易结块,影响使用效果。最好放在消防沙专用箱(桶),防止进水受潮。

隐患86:移动灭火器材管理器材清单与现场配置不一致

消防器材清单是指在特定场所的各类消防器材的详细清单,主要包括器材名称、型号、数量、存放位置等内容。

(1)隐患示例

隐患表述:库区内部分灭火器材箱内器材与清单不一致,如清单中提到了消火栓阀门,但是现场并未设置。

（2）依据规范

《企业安全生产标准化基本规范》(GB/T 33000—2016)第5.6.1.3条规定：企业应根据可能发生的事故种类特点，按照规定设置应急设施，配备应急装备，储备应急物资，建立管理台账，安排专人管理，并定期检查、维护、保养，确保其完好、可靠。

（3）排查要点

①现场查看是否设置消防器材清单；

②现场核对消防器材数量、型号及存放位置是否与清单一致。

（4）原因分析

①企业对清单的重要性认识不足，未在特定场所设置消防器材清单；

②相关人员工作不认真，未能按照实际情况规范填写。

（5）专家点睛★

在消防器材维护保养过程中，正确的消防器材清单对于确保系统的安全有效运行至关重要。以下是一份供参考的消防器材清单维护保养清单，包括各种必需的设备和材料，以满足消防维护保养的需求。

①消防水带。

②消防水枪、消防泡沫枪。

③灭火器。

a. 干粉灭火器：适用于扑灭固体、液体和气体火灾。

b. 二氧化碳灭火器：适用于扑灭电气和精密仪器火灾。

c. 水基灭火器：适用于扑灭液体和气体火灾。

④便携式可燃有毒气体探测器。

⑤其他材料。

a. 灭火器配件：如灭火器充气设备、灭火器瓶等。

b. 消防栓、消防箱：提供消防用水。

c. 消防报警设备：如火灾报警器、消防广播等。

d. 消防管道及配件：如管道接头、阀门等。

e. 消防应急灯具：用于照明和引导逃生。

f. 消防工具:如灭火器扳手、消防斧等。

在制作消防器材清单维护保养清单时,应确保根据实际情况进行详细记录,并根据需要进行定期检查和更新。同时,对于过期的设备和材料,应及时进行更换和补充,以确保消防设备设施正常有效。

隐患87:手提式灭火器设施和配件维护不当造成老化破损

手提式灭火器是指总质量不大于23kg的二氧化碳灭火器以及总质量不大于20kg的其他类型灭火器,如图4.5-3所示。

图4.5-3 手提式灭火器

(1)隐患示例

隐患表述:灭火器箱内手提式干粉灭火器软管开裂。

(2)依据规范

《中华人民共和国消防法》(2021年修正)第十六条规定,企业等单位应当履行下列消防安全职责:按照国家标准、行业标准配置消防设施、器材,设置消防安全标志,并定期组织检验、维修,确保完好有效。

(3)排查要点

①现场检查灭火器是否有效,指针是否处于绿色区域;

②现场排查灭火器的组件的完好、有效情况。

(4)原因分析

①购买后未对灭火器进行有效维护;

②日常巡查时未及时发现受损的灭火器组件,并及时更换。

(5)专家点睛★

灭火器的储存环境温度应符合灭火器的使用温度范围。灭火器不应储存于日光暴晒、潮湿及含有腐蚀性物质的环境中。

《建筑灭火器配置验收及检查规范》(GB 50444—2008)第5.2.1条规定:灭火器的配置、外观等应按该规范附录C的要求每月进行一次检查,对于储罐区、易燃易爆码头区等高风险区域、候船厅等人员密集场所,应每半月进行一次检查。

4.5.2 固定式或半固定式消防设施

隐患 88：库区内消防栓被遮挡

室外消火栓是设置在建筑物外消防给水管网上的供水设施，主要供消防车从市政给水管网或室外消防给水管网取水实施灭火，也可以直接连接水带、水枪出水灭火，如图 4.5-4 所示。

图 4.5-4　消火栓

（1）隐患示例

隐患表述：柴油罐组旁消火栓操作平台前存在草丛，不方便紧急情况下操作。隐患照片如图 4.5-5 所示。

图 4.5-5　消火栓被遮挡隐患图

（2）依据规范

《机关、团体、企业、事业单位消防安全管理规定》第三十一条规定：消火栓、灭火器材被遮挡影响使用或者被挪作他用的，单位应当责成有关人员当场改正并督促落实。

（3）排查要点

①现场检查室外消火栓的位置及周边影响使用的障碍物；

②现场检测室外消火栓的设施有效性。

（4）原因分析

①缺乏对室外消火栓的维护保养知识，未考虑消火栓的周围障碍物的不利影响；

②未定期开展室外消火栓的维护和检查工作。

（5）专家点睛★

室外消火栓的维护保养需要注意以下事项：

①定期检查消火栓。

企业应定期检查室外消防栓，确保其完好无损并运行正常。要特别注意消火栓的阀门、密封垫圈、水表、挂牌等，保证其使用正常。

②室外施工作业时注意消火栓保护。

室外现场施工活动时，应该尽量避免对消火栓造成损坏。要及时教育施工作业人员特别注意消防设施的保护，以免发生误伤。

③及时维护保养。

发现消火栓存在问题，要及时进行维护保养，保证设备完好无损。企业及设备管理人员应该定期进行检查和维护，必要时报修处理，请专业人员进行维修。

④防撞设施。

对于设置在室外的消火栓，存在受到来往车辆碰撞的可能，因此不仅要在室外消火栓附近设置醒目的消防设施标识标牌，还应在其周边设置涂刷醒目标识色的防撞护栏或防撞墩等防撞设施。

隐患89：室外消防泡沫罐未张贴醒目标识

消防泡沫罐是一种用于满足灭火和灭火救援需要的消防设备。在发生火灾时,消防泡沫罐可以向火场喷洒消防泡沫,形成完整的泡沫覆盖层,达到灭火的效果。

(1)隐患示例

隐患表述:泡沫液储罐未张贴标识。隐患照片如图4.5-6所示。

图4.5-6　泡沫液罐无标识隐患图

(2)依据规范

《泡沫灭火系统技术标准》(GB 50151—2021)第10.0.11条规定,泡沫液储罐和盛装100%型水成膜泡沫液的压力储罐的验收应符合下列规定:铭牌标记应清晰,应标有泡沫液种类、型号、出厂、灌装日期、有效期及储量等内容,不同种类、不同牌号的泡沫液不得混存。

(3)排查要点

①现场检查消防泡沫罐内泡沫介质的有效情况,查阅泡沫更换记录;

②现场检查室外消防泡沫罐外部安全标识的张贴情况。

(4)原因分析

①不了解和掌握泡沫介质的有效期;

②更换新的泡沫介质后未及时修改、补充安全标识;

③泡沫罐上安全标识常年风化褪色或脱落后未及时补充。

(5)专家点睛★

①消防泡沫的原理:泡沫液通过泡沫发生器产生泡沫,泡沫的产生会增加表面积,将泡沫液中的空气泡淹没,从而消耗空气中的氧气,在泡沫上形成密集的灭火剂层,削弱火源的燃烧能量。

②泡沫液有效期:泡沫液的有效期因类型和储存条件的不同而有所差异。一般来说,蛋白类泡沫液的储存期为 2 年,而 S 型合成泡沫液、中倍数泡沫液、水成膜泡沫液(AFFF)的储存期可达 8 年。

隐患 90:储罐上的消防立管维护管理不到位

消防立管是建筑消防给水系统中的垂直管道,主要负责为消防设施提供水源,如图 4.5-7 所示。

(1)隐患示例

隐患表述:储罐的消防立管未见定期排查记录。隐患照片如图 4.5-8 所示。

图 4.5-7　消防立管

图 4.5-8　消防立管未见排查记录隐患图

(2)依据规范

《泡沫灭火系统技术标准》(GB 50151—2021)第 11.0.11 条规定,每半年应对下列项目进行检查,检查内容及要求应符合下列规定:①除储罐上泡沫混合液立管和液下喷射防火堤内泡沫管道及高倍数泡沫产生器进口端控制阀后的管道外,其余管道应全部冲洗,清除锈渣;②应对储罐上的低倍数泡沫混合液立管清除锈渣;③应对管道过滤器滤网进行清洗,发现锈蚀应及时更换;④应对压力式比例混合装置的胶囊进行检查,发现破损应及时更换。

(3)排查要点

①现场查阅管道设备安装和冲洗维护记录;

②询问消防设施维护管理人员日常问题处理情况；

③现场检查管线的锈蚀及锈渣残留情况。

（4）原因分析

①企业未严格按照设备维护管理要求对消防立管等设施进行定期检查和维护；

②没有针对性地定期对消防管道内部锈渣残留情况进行确认和清洗。

（5）专家点睛★

做好对消防管道设施的维护检查需要关注以下几点：

①定期检查。应定期对消防管道进行全面检查，包括管道是否有裂缝、接口是否漏水、阀门是否灵活等。检查周期应根据消防管道的使用频率和环境条件来确定，一般应每季度或半年进行一次。

②清洗保养。消防管道在长期使用过程中，内部会积累灰尘、杂物、管道锈渣等，影响水流出流的顺畅。因此，应定期对消防管道进行清洗保养，应每半年进行一次。

③防冻防锈。对于暴露在外的消防管道，应注意防冻防锈。在冬季，应对消防管道进行保温处理，防止管道冻裂；对于容易生锈的管道，应及时进行除锈并涂刷防锈漆。

④阀门维护。阀门是消防管道的重要组件之一，应定期检查阀门的灵活性、密封性等。对于不灵活或密封性不佳的阀门，应及时进行维修或更换。

4.6 供配电系统设施

4.6.1 配电室

4.6.1.1 配电室防护设施

隐患91：配电室门窗防鼠、鸟设施缺失

防鼠措施，通常采用防鼠挡板，防鼠挡板由主板面和卡槽构成，通常采用铝合金制作。防鸟措施,通常采用纱窗,或不可开启的玻璃窗,以防止小鸟飞入配电室内。

防鼠挡板照片如图4.6-1所示。

图4.6-1　防鼠挡板

(1)隐患示例

隐患表述:配电室可开启的门窗处缺少防止蛇、鼠、鸟等动物进入的防护设施。隐患照片如图4.6-2所示。

图4.6-2　配电室门口无防鼠挡板、可开启窗户无防护网隐患图

(2)依据规范

《20kV及以下变电所设计规范》(GB 50053—2013)第6.2.4条规定:变压器室、配电室、电容器室等应设置防雨、雪和蛇、鼠类小动物从采光窗、通风窗、门、电缆沟等进入室内的设施。

(3)排查要点

①现场检查配电室的门和窗是否可开启;

②若可开启,检查是否设有防止小动物进入的措施且措施是否有效。

(4)原因分析

①配电室管理人员对相关技术要求缺乏了解;

②企业缺乏电气安全专业技术人员,巡检中未能发现此类隐患问题。

(5)专家点睛★

蛇、鼠类小动物进入变电站或配电站,往往会引起带电线路短路事故。这是因为小动物身体的电阻值一般只有几千欧,如果身体潮湿,电阻值就更小,而爬行动物如蛇等,电阻值只有几百欧甚至几十欧。因此,可把它们看作是导体。若变电站或配电站没有采取防止小动物进入的措施或防范不严,一旦这些小动物进入,往往会四处游走,当它们跨越两相电路时,就有强电流从其身体通过。当小动物触电被烧死后,表皮损坏,电阻值会减小,通过的电流就更强,由此会导致发生短路事故。例如,一只烧死的小动物躯体电阻值为300Ω,跨越在10kV的电路上,则短路电流可达到30A以上,同时还可能出现电火花。短路事故的发生往往会造成重大损失。如某化工厂的大型配电站在一天凌晨曾发生短路事故,迫使停电20min,造成经济损失达1000多万元。其事故原因就是一只老鼠钻进了配电站,在它跨越两相电路时造成了短路事故。

隐患92:变配电室配电柜后绝缘垫缺失

绝缘垫是指一种用于隔离电流的材料,通常由橡胶、塑料或复合材料制成,如图4.6-3所示。

图4.6-3 绝缘垫

（1）隐患示例

隐患表述：电力室部分配电柜后方柜门可开启操作，缺少绝缘垫。隐患照片如图 4.6-4 所示。

图 4.6-4　配电柜缺少绝缘垫隐患图

（2）依据规范

《港口安全设施目录》（交办水〔2014〕127 号）表 1：编号 1-1-47—供配电系统安全设施—绝缘垫。

《用电安全导则》（GB/T 13869—2017）第 5.1.1 条规定：用电产品应按照制造商要求的使用环境条件进行安装，如果不能满足制造商的环境要求，应该采取附加的安装措施，例如，为用电产品提供防止外来电气、机械、化学和物理应力的防护。

（3）排查要点

①现场检查变配电室配电柜前后位置处是否设有绝缘垫；

②检查绝缘垫的完好程度和有效性。

（4）原因分析

①变配电室的电气管理人员对电气危险缺乏足够重视；

②对检查绝缘垫的完好程度和有效性疏于检查。

（5）专家点睛★

缺少绝缘垫的变电室或配电室，其作业环境的风险是不可忽视的。首先，由于地面没有绝缘垫或绝缘垫老化损坏，配电室内的电气设备与地面直接接触的面积增大，增加了电气设备意外漏电的可能性，进而容易导致人身伤亡事故的发生。其次，配电室内的工作人员在作业时如果未能有效做好个体防护和未注意的情况下接触到带电介质，容易导致短路，进而引发火灾和人员触电伤亡等意外事故。

4.6.1.2　配电室固定设施

隐患93：配电室之间的门选型不规范

配电室之间应采用双向门,无论是向里还是向外,门都能推开。

(1)隐患示例

隐患表述：配电室之间的门为单向门。

(2)依据规范

《20kV及以下变电所设计规范》(GB 50053—2013)第6.2.2条规定：变压器室、配电室、电容器室的门应向外开启。相邻配电室之间有门时,应采用不燃材料制作的双向弹簧门。

(3)排查要点

①现场检验变压器室、配电室、电容器室的门的开启方向；

②现场了解变压器室、配电室、电容器室建设时选用的材料是否符合相关规定。

(4)原因分析

①变压器室、配电室、电容器室建设时间早,没有按照新的规范要求进行更换；

②企业对变压器室、配电室、电容器室存在的隐患及事故防范措施理解不到位。

(5)专家点睛★

《20kV及以下变电所设计规范》(GB 50053—2013)第6.2.2条的规定可以理解为：门向外开启是为了使值班人员在配电室发生事故时能迅速通过房门,脱离危险场所。

门向外开启可以方便逃生。有危险时,人的本能反应是推门向外跑,因此,开门的方向都是从电压高的向电压低的方向开,或双向开,便于人员顺利推开门迅速逃生。

隐患94：配电室缺少工作照明

工作照明是指用来保证在照明场所正常工作时满足照度要求的照明。如果配电室缺乏足够的照明，人员操作电气设备时，容易发生触电事故。

图4.6-5 配电柜后方区域缺少工作照明隐患图

（1）隐患示例

隐患表述：配电室一处配电柜后方的操作区域缺少工作照明，无法满足阴天、夜间等时间的照度要求。隐患照片如图4.6-5所示。

（2）依据规范

《建筑照明设计标准》(GB/T 50034—2024)第3.1.1条规定：工作场所应设置一般照明。

（3）排查要点

①现场检查配电室内是否设置照明灯具；

②现场检查配电室内的照明灯具照度覆盖范围。

（4）原因分析

①建设时未考虑照明灯具的照明范围应覆盖配电柜前后；

②改造时，配电柜移位后遮挡光线，导致部分区域缺乏有效的照明。

（5）专家点睛★

在配电室内尤其是配电柜后的空间设置充足的照明非常重要，应注意以下三点：

①考虑复杂的照明要求。

因为配电柜往往在光线比较黑暗的地方，所以需要足够照度的照明，以便工作人员能够准确地分辨所有电气部件。在安装照明系统时，应合理选择灯具，如需要使用大功率LED（发光二极管）照明还是较小功率的荧光照明。

②避免眩光和减少灯光渗透。

在配电室中，任何形式的眩光都会对工作人员造成不良影响。工作人员不应该被照度过强的照明灯光所影响,这可能会让工作人员无法准确地识别配电柜的各个组件,导致一些误判。

同时,也要减少灯光渗透,这意味着要确保柜前照明系统的光照能够集中在正确的区域上。

③维护和保养照明系统。

定期的维护和保养可以延长照明灯具的使用寿命,并防止照明系统出现故障。维护工作一般包括定期的清洁、更换灯泡、检查散热装置等。

隐患 95:室内配电柜后方通道宽度不足

配电柜后方应设足够宽的通道,便于检修和人员通过。

(1)隐患示例

隐患表述:配电室配电柜后方通道最小宽度不足 0.8m。隐患照片如图 4.6-6 所示。

(2)依据规范

《低压配电设计规范》(GB 50054—2011)第 4.2.5 条规定:当防护等级不低于现行国家标准《外壳防护等级(IP 代码)》(GB 4208)规定的 IP2X 级时,对于单排布置的固定式配电屏,若屏后维护通道不受限制,则配电屏通道最小宽度为 1.0m,受限时最小宽度为 0.8m。

图 4.6-6　配电柜后方通道宽度不足隐患图

(3)排查要点

现场测量单排布置的固定式配电柜后方通道的宽度。

(4)原因分析

①安装配电柜时未留出足够宽度的后方通道;

②企业对配电柜进行升级改造时,未考虑后方通道宽度;

③企业对配电柜进行升级改造时,由于空间受限,导致后方通道宽度不足。

(5)专家点睛★

对于配电柜后方通道的维护要注意以下几点:

①通道不得堆放杂物,以免影响人员操作和通行。

②在进行电气操作、检修时,要合理站位,避免身体碰撞墙壁后反弹至配电柜带电部分,从而发生触电事故。

4.6.1.3　配电室安全标志

隐患96：安全标志设置在可移动的门上

(1) 隐患示例

隐患表述：配电房的安全标志张贴在可移动的门上。隐患照片如图4.6-7所示。

图4.6-7　安全标志张贴不当隐患图

(2) 依据规范

《安全标志及其使用导则》(GB 2894—2008)第9.2条规定：标志牌不应设在门、窗、架等可移动的物体上,以免标志牌随母体物体相应移动,影响认读。

(3) 排查要点

①现场检查安全标志是否会因为张贴的大门移动而被遮蔽；

②现场检查安全标志是否醒目,是否会被其他设施遮挡。

（4）原因分析

①企业张贴安全标志时忽略了大门可移动；

②对相关规定不了解。

（5）专家点睛★

安全标志的安装位置应考虑以下几个方面：

①防止危害性事故的发生。安装安全标志时，首先要考虑所有标志的安装位置都不可对人产生危害。

②可视性。安全标志安装位置的选择很重要，安全标志上显示的信息不仅要正确，而且要清晰易读。

③安装高度。通常安全标志应安装于比观察者水平视线稍高一点的位置，但在有些情况下，置于其他水平位置则是适当的。

④危险和警告标志。危险和警告标志应设置在危险源前方足够远处，以保证观察者在首次看到标志及注意到此危险时有充足的反应时间，这一距离随不同情况而变化。例如，警告不要接触开关或其他电气设备的标志，应设置在它们近旁；而大厂区内或运输道路上的标志，应设置于危险区域前方足够远的位置，以保证人员在到达危险区域之前就可观察到标志，从而有所准备。

⑤安全标志不应设置于移动物体上，例如门上，因为物体位置的任何变化都会影响人员对安全标志的快速识别。

⑥已安装好的安全标志不应被任意移动，除非位置的变化有益于安全标志的警示作用。

隐患97：重点场所的安全逃生出口处缺少安全出口标志

安全逃生是指在紧急情况下，通过采取一系列措施，确保人员安全撤离危险区域的过程。常见的安全出口标志如图4.6-8所示。

（1）隐患示例

隐患表述：配电室逃生门缺少安全出口标志。隐患照片如图4.6-9所示。

图 4.6-8 安全出口标志　　　　图 4.6-9 配电室逃生门缺少安全出口标志隐患图

(2) 依据规范

《消防应急照明和疏散指示系统技术标准》(GB 51309—2018) 第 4.5.10 条规定:出口标志灯应安装在安全出口或疏散门内侧上方居中的位置;受安装条件限制标志灯无法安装在门框上侧时,可安装在门的两侧,但门完全开启时标志灯不能被遮挡。

(3) 排查要点

①通过安全疏散图,确定逃生出口位置;
②现场查看安全出口标志的设置位置是否合理、是否清晰醒目。

(4) 原因分析

①安全出口标志老化或损坏后未及时补充设置;
②安全检查人员未理解安全出口标志的设置要求,未及时发现缺失安全出口标志的问题。

(5) 专家点睛★

设置安全出口标志的主要目的是为了在火灾等紧急情况下,能够有效地帮助人们及时识别疏散位置和方向,迅速逃生,避免造成伤亡事故。

安全出口标志通过明显的识别符号和指示箭头,告知人们如何找到安全出口,通过颜色和图案的不同,表明出口的特殊性质或指示逃生路线,它们是

"畅通生命通道"的重要一环。特别是在浓烟弥漫的情况下,安全出口标志能够更有效地帮助人们识别疏散位置和方向,从而顺利疏散。2024年的安全生产月活动的主题为"人人讲安全、个个会应急——畅通生命通道",突出强调了安全出口标志的重要性。

4.6.2 配电箱

隐患98:配电箱内防护设施及警示标识不规范

配电箱是指一种用于控制、分配电力以及保护电气设备的电气装置,如图4.6-10所示。配电箱的主要构成包括开关设备、测量仪表、保护电器和辅助设备。

(1)隐患示例

隐患表述:某企业配电箱存在问题如下:①室内配电箱均缺少"当心触电"等警示标识;②部分配电箱内使用的电缆相色错误;③箱内有杂物;④未设N端子和PE端子;⑤电气开关缺少相应标识。隐患照片如图4.6-11所示。

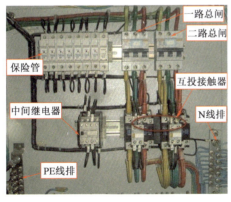

图4.6-10　配电箱　　　　　图4.6-11　配电箱隐患图

(2)依据规范

《中华人民共和国安全生产法》(2021年修正)第三十五条规定:生产经营单位应当在有较大危险因素的生产经营场所和有关设施、设备上,设置明显的安全警示标志。

《1kV及以下配线工程施工与验收规范》(GB 50575—2010)第5.1.1条规定,同一建筑物、构筑物的各类电线绝缘层颜色选择应一致,并应符合下列规定:

①保护地线(PE)应为绿、黄相间色。

②中性线(N)应为淡蓝色。

③相线应符合下列规定:a. L_1 应为黄色;b. L_2 应为绿色;c. L_3 应为红色。

《低压配电设计规范》(GB 50054—2011)第3.2.12条规定:当从电气系统的某一点起,由保护接地中性线改变为单独的中性导体和保护导体时,保护导体和中性导体应分别设置单独的端子或母线。

《电气装置安装工程 低压电器施工及验收规范》(GB 50254—2014)第3.0.16条规定:集中在一起安装的开关应有编号或不同的识别标识。

(3)排查要点

①现场排查配电箱处的"当心触电"等警示标识的设置情况;

②现场重点排查配电箱内的保护电线和中性线等电缆的颜色;

③检查配电箱内是否有杂物堆存;

④现场检查配电箱内的N端子和PE端子的配置是否规范;

⑤现场检查配电箱内的开关标识设置是否规范。

(4)原因分析

①企业缺少专业的电气管理人员;

②企业管理不到位,随意堆放杂物;

③不重视电线相色选择;

④日常巡查未对标识的损坏和老化进行有效处理。

(5)专家点睛★

在特定条件下,配电箱也存在爆炸的风险,通常由短路引起。相比较于普通电线短路只会发出较大的声响和火光而言,配电箱距离电源较近,短路电流比普通电线短路时大得多,配电箱里面的母线排截面大,短路时短路电流形成的瞬间高温和强大的放电效能会造成爆炸气浪,将配电箱炸开,造成周围人员伤亡。

隐患99：配电箱内缺少防止触及带电部位的隔离防护装置

屏护是指对电击危险因素进行硬件隔离的一种手段。

（1）隐患示例

隐患表述：配电间变频箱内带电母线未设置防止触及的隔离防护装置。隐患照片如图4.6-12所示。

（2）依据规范

《电气装置安装工程 盘、柜及二次回路接线施工及验收规范》（GB 50171—2012）第5.0.7条规定：盘、柜内带电母线应有防止触及的隔离防护装置。

（3）排查要点

①现场检查人员可能触及带电母线处隔离防护装置的配置情况；

图4.6-12 带电母线缺少隔离防护装置隐患图

②现场使用测电工具对隔离防护装置进行漏电测试。

（4）原因分析

①配电箱在使用过程中人为拆除了隔离防护装置；

②企业缺少专业的电气管理人员；

③设备检修后，未及时恢复。

（5）专家点睛★

盘、柜内的一次母线的电压一般属于非安全电压等级，为了保证人身安全，防止带电母线被触及，要求采用适当的隔离防护措施，但不应影响负荷侧电缆的拆、装工作。

对隔离防护装置的要求如下：

①为了防止发生触电伤害和弧光伤害，隔离防护装置所用材料必须要有足够的机械强度和良好的耐火性能。任何易燃材料都不可以被用来制作隔离防护装置。

②要有足够的安装距离。对于低压设备,栅栏与裸导体之间的距离不宜小于0.8m,栅栏栏条之间的距离应不超过0.2m。

③隔离防护装置应有足够的尺寸。遮栏高度应不低于1.7m,下部边缘离地应不超过0.1m。对于低压设备,网眼遮栏与裸导体之间的距离不宜小于0.15m,10kW设备不宜小于0.35m。户内栅栏高度应不低于1.2m,户外应不低于1.5m。

④凡用金属材料制成的隔离防护装置必须接地(或接零),以防止隔离防护装置意外带电而造成人员触电。

⑤遮拦、栅栏等隔离防护装置上应有明显的警示标识,应根据被防护对象的不同,挂上"止步,高压危险"等相应的警告标示牌。

被防护对象的带电部分应有明显的标识,使用通用的符号或涂上规定的具有代表意义的专门颜色。

⑥为防止伤亡事故的发生,隔离防护装置应与其他安全措施配合使用,应配合设计信号装置及联锁装置,前者可采用灯光或仪表指示,后者可采用自动装置断电,以保护越过隔离防护装置的人。

4.6.3　辅助配套设施

隐患100:电气设备外壳接地不规范

电气设备外壳是指覆盖在电气设备上的外层保护结构,通常由金属材料制成,如钢板、铝板等。电机外壳接地示意图如图4.6-13所示。

图4.6-13　电机外壳接地示意图

（1）隐患示例

隐患表述：①码头消防炮塔旁电机外壳未接地；②罐组旁污水处理装置电机外壳未接地；③储罐罐根处电动阀未接地。隐患照片如图4.6-14所示。

图4.6-14　某企业电气设备外壳未接地隐患图

（2）依据规范

《交流电气装置的接地设计规范》（GB/T 50065—2011）第3.2.1条规定：电力系统、装置或设备中，电机、变压器和高压电器等的底座和外壳应接地。

（3）排查要点

①问询现场工作人员主要涉及的用电设备及设备接地情况；

②现场检查用电设备的金属外壳的接地位置和连接有效性；

③现场检查用电设备的金属外壳与接地点的连接情况；

（4）原因分析

①设备管理人员不了解和掌握有关用电设备外壳接地的电气技术；

②巡检人员未发现用电设备的金属外壳处缺少有效接地。

（5）专家点睛★

①电气设备外壳接地的基本原理是：通过接地线和接地体将电气设备的金属外壳与大地构成一个等电位的"零位"，使电气设备不被电场干扰，并可有效地为漏电的电流提供回路，保证人身安全。

②接地线一般选用铜制材料，可采用导体横截面大、电阻小的接地线。

③接地体通常用钢筋水泥井或金属桩作为垂直接地电极,将接地线连接到地下。

隐患 101:电缆槽盒连接处缺少电气跨接

电缆槽系统是指将绝缘导线、电缆、软线完全包围起来和/或为适应其他电气设备而设的由一可拆卸的盖和一底座组成的密闭型包封系统。电缆槽盒电气跨接示意图如图 4.6-15 所示。

图 4.6-15 电缆槽盒电气跨接示意图

(1)隐患示例

隐患表述:铁质电缆槽盒连接处缺少电气跨接。隐患照片如图 4.6-16 所示。

图 4.6-16 电缆槽盒未电气跨接隐患图

(2)依据规范

《电力工程电缆设计标准》(GB 50217—2018)第 6.2.9 条规定:金属制桥

架系统应设置可靠的电气连接并接地。

（3）排查要点

①现场询问设备管理人员电缆槽盒的材质情况；

②现场查看电缆槽盒的电气跨接情况；

③现场查验整体电缆槽盒系统的接地点。

（4）原因分析

①企业未能在建设初期按照规范设置电缆槽盒的电气跨接；

②缺乏维护保养，电气检查人员未能及时发现电缆槽盒的电气跨接缺失并及时整改完善。

（5）专家点睛★

电缆槽盒连接处需要跨接的原因主要包括保障电气系统的连续性、确保设备的安全接地、减少电磁干扰，以及为电缆提供稳定可靠的走线路径。尤其是在爆炸危险场所，电缆槽盒更应该进行有效跨接。但是，当满足以下条件时，可以不进行跨接：槽盒镀锌，且连接板每端设有不少于2个有防松螺母或防松垫圈的固定螺栓。

4.7 通信及监控设施

4.7.1 通信设施

隐患102：石油库现场操作和巡检人员未配置无线电通信设备

无线电通信设备是进行远距离通信的唯一手段，由发信机、收信机、天线、馈线和相应的终端设备构成。常用无线通信设备为对讲机，如图4.7-1所示。

（1）隐患示例

隐患表述：某石油库现场操作和巡检人员未配置无线电通信设备。

图4.7-1 对讲机

(2)依据规范

《石油库设计规范》(GB 50074—2014)第15.2.5条规定:石油库流动作业的岗位,应配置无线电通信设备,并宜采用无线对讲系统或集群通信系统。无线通信手持机应采用防爆型。

(3)排查要点

①检查现场操作和巡检人员是否配置无线电通信设备;

②涉及爆炸危险区域的,检查配备的无线电通信设备是否为防爆型。

(4)原因分析

①无线电通信设备损坏后未重新配备;

②企业对安全标准要求不了解,因此未配备防爆型的无线电通信设备。

(5)专家点睛★

石油库一般占地面积较大,为现场操作和巡检人员配备无线电通信设备是提高管理水平的必要措施。

无线电通信设备可以借助无线电波具有的波动传递信息功能,实现更加自由、快捷、无障碍的信息交流和沟通,可以保证装卸作业时信息的及时、准确传达,防止误操作引发事故;此外,无线电通信设备能够实时传递信息,确保救援人员和相关部门能够迅速响应,协调实施救援行动。

4.7.2 电源设置

隐患103:监控管理系统未设置UPS(不间断电源)

UPS是利用电池化学能作为后备能量,在发生市电断电等电网故障时,不间断地为用户设备提供(交流)电能的一种能量转换装置。

(1)隐患示例

隐患表述:某企业监控管理系统未设置UPS。

(2)依据规范

《石油库设计规范》(GB 50074—2014)第15.1.12条规定:仪表及计算机

监控管理系统应采用 UPS 不间断电源供电，UPS 的后备电池组应在外部电源中断后提供不少于 30min 的交流供电时间。

(3) 排查要点

①检查监控管理系统是否设置 UPS；

②检查 UPS 在外部电源中断后可供电的时间。

(4) 原因分析

①设计时规范无相应要求；

②企业对安全标准要求不了解，因此未设置 UPS。

(5) 专家点睛 ★

在发生停电事故时，计算机监控管理系统应仍有供电保证，以便采取紧急处理措施。

计算机监控管理系统至关重要，工艺系统的控制、监控等都要保证供电的正常。UPS 的主要作用是在市电中断时，提供一定时间的后备电力供应，以保障电子设备能够继续正常运转。它可以应对各种突发情况，如电源故障、电压波动、电力中断等，避免设备因突然断电而受到损害。更为重要的是，监控管理系统处于可靠运行状态，能有效防止重大事故发生。为了保证监控管理系统运行平稳，UPS 还应具有稳压、滤波、消除浪涌等功能，以保护电子设备免受电压波动和电流干扰，确保其运行稳定。

4.7.3 监控系统

隐患 104：视频监控系统的监视范围未覆盖关键位置

视频监控通过有线、无线 IP 网络、电力网络将视频信息以数字化的形式进行传输。通过在关键位置设置摄像头，经由线缆将视频信息传输至控制室集中显示，以便对现场进行实时监控。某企业视频监控终端如图 4.7-2 所示。

(1) 隐患示例

隐患表述：某石油库视频监控未覆盖汽油泵站。

图 4.7-2　视频监控终端

（2）依据规范

《石油库设计规范》（GB 50074—2014）第 15.2.6 条规定：电视监视系统的监视范围应覆盖储罐区、易燃和可燃液体泵站、易燃和可燃液体装卸设施、易燃和可燃液体灌桶设施和主要设施出入口等处。

（3）排查要点

①检查现场监控视频是否清晰；

②从视频监控室查看各场所的视频；

③检查视频监控是否被杂物遮挡。

（4）原因分析

①设计阶段摄像头设置不合理，监控覆盖范围不完全；

②中控人员未定期查看各点位视频监控；

③在视频监控系统发生损坏后未及时维修。

（5）专家点睛★

作业过程涉及易燃易爆物体等高风险因素的环境下，场所安装监控摄像头作用显著。此类设备可以及时监测生产过程，及时发现问题，减少事故发生的可能性。摄像头的实时监控功能使管理者能够清晰掌握生产流程的每个环节，及时发现并解决潜在问题，确保生产过程的透明度和规范性。

设置视频监控系统,可以防止因为化学品泄漏造成的安全事故,保障生产环境中的员工健康和安全,防止意外事故的发生。

4.7.4 报警设置

隐患 105:消防值班室内未设专用受警录音电话

录音电话机是指通过监测电话线路上的语音通信信号,并将这些信号(模拟的或数字的)转化为可以保存和回放的介质的一种设备。

(1)隐患示例

隐患表述:某石油库消防值班室内未设专用受警录音电话。

(2)依据规范

《石油库设计规范》(GB 50074—2014)第 12.6.1 条规定:石油库内应设消防值班室。消防值班室内应设专用受警录音电话。

(3)排查要点

①检查消防值班室是否设置有专用受警录音电话。

②检查消防值班室设置的专用受警录音电话是否有效。

(4)原因分析

①设计阶段未设置;

②在受警录音电话损坏后未及时维修。

(5)专家点睛★

通过设置专用受警录音电话,一是可以及时将火情传达给有关部门,以便迅速组织灭火行动,二是可以接收现场报警,及时采取处置措施,三是可以进行录音,为查找事故原因、分析处置过程有效性、进行责任追究提供信息。